Les bocaux de

CENDRINE

Les bocaux de CENDRINE

Ouvrage réalisé avec la collaboration de Seymourina Cruse
Photographies de Francesca Mantovani
Stylisme de Stéphanie Cohen

HACHETTE
Pratique

téva

À tous ceux qui viennent d'ouvrir ce livre.
À toutes les femmes et les hommes qui aiment la vie,
la maison, la cuisine et la déco...
je vous souhaite de préparer de bons bocaux,
sans jamais oublier de vous amuser !

SOMMAIRE

LA VIE EN BOCAL

Si je le pouvais, je mettrais tout en bocal : l'amour, l'amitié, la vie. Alors la nourriture, pour moi, ça tombe sous le « sens ».

Un bocal, c'est beau ! Et puis surtout, c'est un élément décoratif utile qui vous permet de conserver et de stocker ce que vous faites de meilleur... pour le déguster plus tard, en famille, entre amis.

Un bocal, ça conserve aussi les souvenirs, comme ceux du moment où vous avez, avec des enfants, des parents, des copains, cueilli les fruits, épluché les légumes, pleuré en découpant les oignons, rigolé en cuisinant les chutneys.

J'ai voulu faire ce livre pour vous faire partager ces moments, pour qu'à votre tour, avec ces recettes simples et délicieuses, vous réalisiez vos bocaux de souvenirs.

Cendrine DOMINGUEZ

CHAPITRE 1

Saison : **été**

Préparation et cuisson : **1 h**

Macédoine de fruits

Le roi des bocaux de fruits au sirop est sans aucun doute celui de la macédoine de fruits d'été. Je la compose comme un bouquet de toutes les couleurs et l'adapte facilement en fonction de ce que j'ai sous la main. Une bonne recette pour conserver tout ce qui reste dans la corbeille de fruits après un repas ou recycler une salade de fruits frais. Servir avec du fromage blanc ou une cuillère de crème fouettée.

Pour 1 bocal de 2 l :
3 kg de fruits relativement résistants (abricots, pêches, prunes, mirabelles, mangues, poires, pommes, ananas, nectarines ou brugnons)
1 kg de fruits tendres et plus fragiles (fraises, framboises, groseilles, cerises, bananes)
1 citron
1 brin de vanille
2 l d'eau
1 kg de sucre en poudre

Lavez, épluchez et dénoyautez si besoin les différents fruits. Coupez les plus gros en petits morceaux en les arrosant au fur et à mesure de quelques gouttes de jus de citron afin que la chair ne brunisse pas. Mélangez délicatement cette macédoine de fruits et versez-la dans le bocal avec un brin de vanille.

Préparez le sirop en faisant bouillir l'eau et le sucre pendant 3 min. Versez le sirop à chaud dans le bocal (il faut que le sirop recouvre tous les fruits).

Fermez hermétiquement. Stérilisez le bocal dans de l'eau bouillante pendant 30 min. Conservez au frais et à l'obscurité.

Quality Fruit

Saison : **novembre - février**

Préparation et cuisson : **1 h** pour l'ananas au sirop et **1 h** pour l'ananas au kirsch

Ananas au sirop

L'ananas au sirop est un dessert exotique idéal de dernière minute. Servi avec une boule de glace à la vanille, quelques amandes effilées grillées à la poêle et une feuille de menthe.

Pour 1 bocal de 2 l :
7 ou 8 petits ananas frais à chair ferme
1 citron
1,5 l d'eau
1 kg de sucre en poudre
quelques gouttes d'alcool (facultatif)

Enlevez l'écorce des ananas, coupez-les en tranches fines et retirez la partie centrale de chaque tranche. Mettez-les dans un plat en les arrosant du jus du citron. Préparez ensuite le sirop en faisant bouillir l'eau avec le sucre pendant 3 min. Placez les tranches d'ananas dans le bocal. Ajoutez le zeste du citron et quelques gouttes d'alcool de votre choix (rhum, kirsch ou liqueur d'amandes par exemple). Remplissez le bocal avec le sirop chaud et fermez hermétiquement. Stérilisez le bocal dans de l'eau bouillante pendant 30 min. Conservez au frais et à l'obscurité.

Ananas au kirsch

À la fois pour le look et pour le goût de votre bocal d'ananas au kirsch, vous pouvez aussi ajouter des cerises à cette recette. Ma préférence : la cerise Burlat, bien noire et bien charnue.

Pour 4 bocaux de 50 cl :
5 gros ananas mûrs
1 citron
2 l d'eau
600 g de sucre en poudre
1 l de kirsch
quelques cerises (facultatif)

Enlevez la peau des ananas. Coupez-les en tranches et éliminez la partie centrale, dure et fibreuse. Disposez les tranches sur un plat et versez dessus le jus du citron. Portez l'eau et le sucre à ébullition et plongez-y les tranches d'ananas un petit moment. Égouttez et laissez refroidir. Disposez les tranches d'ananas dans les bocaux avec un peu de zeste de citron. Recouvrez de kirsch.

Si le kirsch ne suffit pas pour recouvrir complètement l'ananas, préparez un nouveau sirop avec 300 g de sucre et 100 g d'eau portée à ébullition. Versez ce sirop dans les bocaux et fermez hermétiquement. Stérilisez les bocaux dans de l'eau bouillante pendant 30 min. Conservez au frais et à l'obscurité.

Ananas

Saison : **mai - juillet**

Préparation et cuisson : **30 min**

Cerises à l'eau-de-vie

Cette recette, que je dois à ma belle-mère, est une de mes meilleures astuces pour épater les copains à la fin du repas... surtout si je n'ai pas eu le temps de préparer un dessert ! Ce bocal est également idéal à offrir. Pour le décorer tout en préservant son caractère, à la fois rustique et distingué, vous pouvez ajouter sur le couvercle un morceau de tissu (type sac à pommes de terre) tenu par un nœud en raphia.

Pour 2 bocaux de 50 cl :

1 kg de cerises

400 g de sucre en poudre

10 cl d'eau

70 cl d'eau-de-vie

1 citron

Coupez aux ciseaux la tige des cerises à 1 ou 2 cm du fruit sans dénoyauter ni ôter complètement les queues. Lavez les cerises et laissez-les sécher. Remplissez vos bocaux avec les cerises propres et sèches.

Préparez le sirop : versez le sucre dans l'eau et faites bouillir environ 3 min. Laissez refroidir et versez le sirop sur les cerises. Finissez de remplir les bocaux avec de l'eau-de-vie jusqu'à ce que le niveau recouvre tous les fruits. Ajoutez dans chaque bocal un petit zeste de citron. Fermez les bocaux et conservez-les au sec et à l'obscurité.

Il est conseillé d'attendre 3 mois de macération avant la dégustation des cerises afin qu'elles soient bien gorgées de sirop et d'eau-de-vie.

Saison : **octobre - décembre**
Préparation et cuisson : **30 min** pour les châtaignes au kirsch et **1 h** pour les marrons au sirop

Châtaignes au kirsch

Les châtaignes au kirsch entrent délicieusement dans la préparation d'une farce pour la dinde de Noël ou autre volaille des grandes occasions.

Pour 4 bocaux de 50 cl :
1,2 kg de châtaignes ou marrons
10 cl d'eau
300 g de sucre en poudre
1/2 citron
50 cl de kirsch

Faites cuire les châtaignes, avec leur peau, dans une grande quantité d'eau. Pelez-les encore chaudes en veillant à ne pas les casser et rangez-les délicatement dans les bocaux.

Préparez le sirop en faisant bouillir l'eau avec le sucre pendant 3 min, puis ôtez du feu et ajoutez le zeste et le jus du demi-citron. Laissez refroidir avant d'ajouter le kirsch. Versez le sirop obtenu sur les châtaignes en veillant à ce qu'elles soient complètement plongées dans ce liquide de conservation. Fermez hermétiquement les bocaux et rangez-les au sec et à l'obscurité.

Marrons au sirop

Une bonne idée pour endimancher une glace à la vanille ou une tarte aux poires sous un filet de chocolat... mais les marrons au sirop sont aussi excellents comme dessert à part entière, servis avec une crème fouettée, ou comme friandise à déguster au moment du café.

Pour 6 bocaux de 50 cl :
2,5 kg de châtaignes ou marrons
1 orange
quelques graines de fenouil
1 l d'eau
800 g de sucre en poudre
1 citron
1 brin de vanille

Faites cuire les marrons dans leur peau dans une grande quantité d'eau avec le zeste d'orange et quelques graines de fenouil. Préparez le sirop en faisant bouillir l'eau avec le sucre et le jus de citron pendant 3 min, puis ôtez du feu et laissez refroidir.

Lorsque les marrons sont presque cuits, laissez-les tiédir et, avec beaucoup de délicatesse et de patience, enlevez les deux peaux. Au fur et à mesure, disposez-les dans les bocaux, sans les briser dans la mesure du possible. Ajoutez dans chaque bocal un morceau de zeste de citron et un petit brin de vanille.

Recouvrez les marrons avec le sirop, fermez hermétiquement les bocaux et stérilisez-les 30 min. Rangez-les dans un endroit frais et obscur.

Saison : **toute l'année**

Préparation et cuisson : **1 h** et **12 h** pour que les citrons dégorgent

Citrons confits au sel

Idéal bien sûr pour la préparation du tagine de poulet aux olives et citrons mais aussi pour accompagner du poisson grillé, comme une daurade au four par exemple : ajoutez les citrons confits coupés en tranches pendant la cuisson du poisson. Cette recette est très simple à réaliser mais attention à la moindre égratignure que vous auriez sur les mains, sous le double effet cuisant du sel et du jus de citron...

Pour 1 bocal de 3 l :
20 citrons (biologiques de préférence)
gros sel
quelques feuilles de laurier (facultatif)
1,5 l d'eau

Lavez et essuyez les citrons. Faites quatre profondes incisions au couteau afin de les partager en quartiers sans les séparer complètement. Glissez 1/2 cuil. à café de gros sel entre chaque quartier de citron. Laissez-les dégorger pendant une nuit (12 h) dans un plat couvert d'un torchon.

Disposez les citrons salés dans le bocal (n'hésitez pas à bien tasser les citrons) avec quelques feuilles de laurier pour décorer la composition.

Portez l'eau à ébullition. Ajoutez 30 g de gros sel. Versez l'eau tiédie dans le bocal (les citrons doivent être entièrement recouverts d'eau salée).

Fermez hermétiquement et stérilisez le bocal dans de l'eau bouillante pendant 30 min. Conservez au frais et à l'obscurité pendant au moins 15 jours avant d'utiliser les citrons. Vous pouvez conserver les citrons confits au sel pendant 3 mois.

Saison : **août - octobre**

Préparation et cuisson : **1 h**

Figues aux noix et cognac

Je réalise souvent cette recette avec des petits bocaux dans lesquels je ne mets qu'une seule figue pour confectionner des portions individuelles. Avant de servir avec une glace (à la vanille ou rhum-raisin), je fais tiédir les bocaux dans une casserole avec un fond d'eau. Lorsque j'utilise un grand bocal, je présente les figues dans des verres à vin transparents et j'apporte le bocal sur la table, avec une petite louche afin que chacun puisse se resservir et ajouter à volonté un peu de sirop de cognac dans son verre.

Pour 1 bocal de 1 l et 10 bocaux de 25 cl :

3 kg de figues mûres à chair ferme

300 g de cerneaux de noix

1,5 kg de sucre en poudre

1 l env. de cognac

2 citrons

1 l env. d'eau

Rincez soigneusement les figues entières et laissez-les sécher sur un torchon propre. Coupez les figues en deux et introduisez un demi-cerneau de noix au cœur de chaque moitié, en pressant légèrement avec les doigts. Rassemblez les moitiés de figues fourrées aux noix et rangez-les directement dans les bocaux.

Saupoudrez de sucre et versez le cognac jusqu'au quart de chaque bocal environ. Ajoutez un petit zeste de citron et remplissez le reste des bocaux avec de l'eau bouillie (les fruits doivent êtres totalement immergés dans le sirop).

Fermez les bocaux et stérilisez-les pendant 30 min dans de l'eau bouillante. Conservez-les au sec et à l'obscurité.

Saison : **août - septembre** pour les mirabelles et **août - octobre** pour les prunes
Préparation : **20 min** avec **24 h** de macération pour les mirabelles
et **10 min** avec **24 h** de macération pour les prunes

Mirabelles à l'eau-de-vie

Une recette super-simple et un succès garanti l'hiver comme « pousse-café » après un dîner au coin du feu...

Pour 2 bocaux de 50 cl :
1 kg de mirabelles
1 bâton de cannelle
250 g de sucre en poudre
1 l d'eau-de-vie blanche à 40°

Rincez, égouttez et séchez les mirabelles. Coupez les queues à moitié avec une paire de ciseaux. Mettez les mirabelles dans les bocaux. Ajoutez le bâton de cannelle. Versez le sucre puis l'eau-de-vie.

Fermez hermétiquement chaque bocal. Mélangez bien à nouveau les mirabelles dans le sirop 24 h après la préparation. Laissez ensuite macérer pendant 3 mois minimum dans un endroit frais à l'abri de la lumière avant de consommer.

Prunes à l'eau-de-vie

Avec le temps, le sirop à base de sucre et d'eau-de-vie deviendra une excellente liqueur de prunes.

Pour 2 bocaux de 50 cl :
1 kg de prunes avec noyaux
1 bâton de cannelle
250 g de sucre en poudre
1 l d'eau-de-vie blanche à 40°

Mettez les prunes dans les bocaux sans les dénoyauter. Ajoutez le bâton de cannelle. Versez le sucre puis l'eau-de-vie.

Fermez hermétiquement chaque bocal. Mélangez bien à nouveau les prunes dans le sirop 24 h après la préparation. Laissez ensuite macérer pendant 3 mois minimum dans un endroit frais à l'abri de la lumière avant de consommer.

Saison : **juin - septembre** pour les pêches et **septembre - mars** pour les poires

Préparation et cuisson : **40 min** pour les pêches et **40 min** pour les poires

Pêches au rhum

Conservées en bocal, les pêches au rhum vous permettront de composer sur le pouce de somptueuses pêches Melba maison, agrémentées tout simplement d'une glace à la vanille et de quelques feuilles de menthe.

Pour 1 bocal de 1 l :

1 kg de pêches

400 g de sucre brun en poudre

20 cl d'eau

4 clous de girofle

75 cl de rhum brun

Plongez les pêches pendant 10 sec dans de l'eau chaude. Épluchez-les, enlevez les noyaux et coupez-les en fines tranches. Cassez 3 noyaux de pêche à l'aide d'un casse-noisettes. Faites dissoudre le sucre dans l'eau portée à ébullition. Plongez-y les tranches de pêches pendant 2 min. Laissez égoutter au-dessus de la casserole et déposez les tranches dans le bocal.

Ajoutez les clous de girofle et les pépins de pêches cassés. Faites réduire le sirop au sucre, laissez refroidir un peu, ajoutez le rhum, mélangez et versez le sirop obtenu dans le bocal. Fermez hermétiquement et laissez reposer pendant un mois.

Poires à la grappa

Ce bocal à la fois beau et bon est une superbe idée de cadeau : plutôt que d'arriver avec un bouquet de fleurs, offrez des poires à vos amis !

Pour 2 bocaux de 1 l :

20 petites poires à cuire

1 citron

300 g de sucre en morceaux

75 cl d'eau-de-vie

Pelez les poires, sans couper le pétiole, et plongez-les aussitôt dans un plat contenant une grande quantité d'eau acidulée au jus de citron, de manière à ce qu'elles ne noircissent pas.

Faites fondre à feu très doux les morceaux de sucre imbibés d'eau dans une casserole. Lorsque le sirop est bien épais, ajoutez les petites poires et laissez cuire, lentement, jusqu'à ce qu'elles deviennent presque transparentes. Vérifiez avec la lame d'un couteau que la chair du fruit se coupe facilement.

Disposez les poires dans les bocaux. Versez l'eau-de-vie dans le sirop de cuisson et reversez le tout sur les poires. Fermez les bocaux, laissez-les refroidir. Conservez au frais et à l'obscurité.

Saison : **septembre - mars**
Préparation et cuisson : **45 min**

Poires au vin

Ils étaient faits pour se rencontrer... la saison des poires commence en même temps que celle des grandes vendanges du sud de la France. Faites-moi confiance, si vous appréciez déjà la poire accompagnée d'un verre de vin rouge, après un séjour de quelques mois en bocal, les poires colorées et parfumées par le vin sont encore meilleures !

Pour 2 bocaux de 1 l :
1 kg de poires mûres mais fermes
1 citron
60 cl de vin rouge
1,2 l d'eau
150 g de sucre
4 cuil. à café de gelée de fruits rouges
1 bâton de cannelle

Lavez soigneusement les poires et essuyez-les. Coupez-les en quatre, enlevez leur trognon et leurs pépins.

Lavez le citron, essuyez-le, épluchez-le avec un couteau bien aiguisé en faisant attention de n'enlever que le zeste de la partie jaune de l'écorce sans toucher à la partie blanche qui est amère.

Versez le vin et l'eau dans une casserole, ajoutez-y le sucre, la gelée de fruits rouges et la cannelle. Faites fondre à feu doux en mélangeant. Quand le sirop bout, plongez-y les poires. Laissez mijoter pendant 5 min puis éteignez le feu.

Placez les poires dans les bocaux en faisant attention de ne pas les abîmer puis versez votre sirop de vin doux et épicé en veillant à ce que les fruits soient entièrement immergés.

Laissez refroidir puis fermez et stérilisez les bocaux dans de l'eau bouillante pendant 30 min environ.

Saison : **septembre - mars**

Préparation et cuisson : **30 min** avec **24 h** à **48 h** de séchage pour les poires

Poires marinées

À servir tiède en accompagnement d'un foie gras chaud... Au dernier moment, disposez les tranches de poires dans la poêle pour les faire dorer avec quelques gouttes de vinaigre balsamique.

Pour 3 bocaux de 50 cl :

3 kg de poires mûres à chair ferme

3 citrons

600 g de sucre en poudre

50 cl de vinaigre blanc ou rouge de la meilleure qualité

8 clous de girofle

5 baies de genièvre

5 baies de poivre

1 cuil. à café de cannelle en poudre

4 à 5 l d'eau

1 pincée de sel

Pelez les poires et coupez-les en quartiers en enlevant le trognon. Plongez-les aussitôt dans de l'eau contenant le jus d'un citron. Portez l'eau à ébullition avec 200 g de sucre et le jus d'un autre citron. Quand le sirop bout, plongez-y les poires pendant 2 min.

Retirez les poires et disposez-les sur un torchon. Conservez environ 1 l de sirop de cuisson. Laissez sécher les poires à l'air libre (pendant un ou deux jours si possible) avant de les mettre dans les bocaux.

Faites bouillir le vinaigre avec tous les autres ingrédients, y compris un zeste de citron et le jus du troisième, jusqu'à l'obtention d'un sirop. Ôtez du feu et laissez refroidir.

Filtrez le sirop avant de le verser sur les poires. Si cette quantité de liquide n'est pas suffisante pour recouvrir les poires, ajoutez un peu de sirop de cuisson.

Fermez les bocaux. Conservez au frais et à l'obscurité.

Saison : **août - octobre**

Préparation et cuisson : **20 min**

Prunes et pruneaux à l'armagnac

Les prunes à l'armagnac : voilà mon premier bocal et la toute première recette faite avec Patrice, mon mari. Il faut dire que depuis nous n'avons jamais cessé de réaliser cette préparation qui connaît toujours à la maison un succès inégalé. Profitez d'un voyage dans le sud de la France pour acheter des prunes tout juste cueillies. En remplaçant simplement les prunes par des pruneaux, et en suivant la même recette, vous obtiendrez le fameux bocal de pruneaux à l'armagnac.

Pour 1 bocal de 1,5 l :

500 g de petites prunes (ou de pruneaux)

250 g de sucre brun

10 cl d'eau

1 bâtonnet de cannelle

4 clous de girofle

75 cl d'armagnac

Faites dissoudre le sucre dans l'eau portée à ébullition. Lavez les prunes, déposez-les dans un tamis et plongez-le pendant 3 min dans de l'eau bouillante.

Déposez les prunes bien égouttées et refroidies dans le bocal. Ajoutez la cannelle, les clous de girofle, le sirop au sucre et l'armagnac.

Fermez le bocal et laissez reposer dans un endroit frais pendant un mois minimum avant de consommer.

Saison : **août - novembre**

Préparation et cuisson : **45 min** avec **1 h** de séchage

Raisins au sirop

Une recette « deux en un » : des raisins au sirop, à déguster en dessert ou en accompagnement d'un foie gras frais saupoudré de gros sel, mais aussi du sirop de raisin, à boire frais avec un peu d'eau.

Pour 3 bocaux de 50 cl :

3,5 kg de raisin blanc ou noir

1,5 l d'eau

900 g de sucre en poudre

1 citron

quelques feuilles de vigne (facultatif)

Lavez rapidement le raisin choisi très sain et mûr. Détachez les grains de raisin avec des ciseaux en ne conservant qu'un tout petit bout de pétiole. Vous devriez obtenir environ 3 kg de fruits après avoir éliminé les tiges et les grains de raisin abîmés. Étendez-les sur un linge et laissez-les sécher (au soleil si possible) pendant environ 1 h.

Pendant ce temps, préparez le sirop : faites bouillir l'eau avec le sucre et un zeste de citron pendant 2 min, puis laissez refroidir.

Rangez délicatement les raisins dans les bocaux en éliminant ceux dont la peau est fendue. Ajoutez dans chaque bocal un petit zeste de citron et une ou deux feuilles de vigne bien propres.

Versez le sirop dans les bocaux en veillant à ce que les raisins soient entièrement recouverts. Fermez hermétiquement et stérilisez pendant 15 à 20 min dans de l'eau bouillante. Conservez dans un endroit sec et obscur.

Saison : **été**

Préparation et cuisson : **45 min**

Bocal du vieux garçon

La préparation de ce fameux mélange de fruits à l'eau-de-vie s'étale sur toute la durée de l'été et sa consommation a lieu traditionnellement en hiver, à l'occasion des fêtes de fin d'année. On peut néanmoins décliner cette recette avec des fruits d'hiver (prunes, figues, oranges, poires, mirabelles). Pour réussir votre « vieux garçon », ne remuez pas le contenu du bocal pendant la préparation et, si le niveau baisse, rajoutez autant d'eau-de-vie que nécessaire durant les mois de macération.

Pour 1 bocal de 2 l minimum :

2 kg de fruits variés, soit par exemple :

200 g de cerises

150 g de groseilles

150 g de framboises

300 g d'abricots

300 g de pêches

200 g de prunes

200 g de poires

150 g de raisin

1,5 kg de sucre en poudre

1 l d'eau-de-vie blanche à 40°

Choisissez environ 2 kg de fruits de saison, mûrs et parfumés pour obtenir 1,5 kg de fruits épluchés et sans noyau.

Prévoyez une préparation différente selon les fruits choisis : groseilles (rincez, essuyez et égrappez) ; abricots (rincez, ouvrez en deux et dénoyautez) ; prunes (rincez, dénoyautez et coupez en deux) ; raisin (rincez et égrenez) ; poires (pelez, épépinez et coupez en quartiers) ; cerises (rincez, essuyez et équeutez) ; framboises (évitez de les rincer) ; pêches (pelez, dénoyautez et coupez en quartiers).

Ensuite, le principe de la recette est simple : à chaque fois que vous mettez une nouvelle variété de fruit dans le bocal, ajoutez son poids en sucre et recouvrez largement les fruits d'eau-de-vie !

Fermez le bocal hermétiquement et réservez au frais, pendant au moins 3 mois avant de déguster. Vérifiez régulièrement le niveau de l'eau-de-vie et rajoutez-en pour recouvrir les fruits à chaque fois que cela se révèle nécessaire.

Saison : **toute l'année**

Préparation et cuisson : **40 min**

Sirop de citron

C'est ma recette d'été... pour faire boire à mes enfants autre chose que des sodas. À servir glacé et, pour égayer la carafe, n'oubliez pas d'ajouter quelques rondelles de citron frais et éventuellement, dans le verre, une feuille de menthe pour ceux qui aiment.

Pour 1 bouteille en verre de 75 cl :
6 gros citrons (non traités)
50 cl d'eau
550 g de sucre en poudre

Lavez, brossez et essuyez bien les citrons. Avec un épluche-légumes, prélevez les zestes de la partie jaune de la peau (sans toucher à la partie blanche, plus amère).

Pressez les citrons pour en extraire le jus et mettez celui-ci de côté.

Dans une casserole, portez à ébullition l'eau avec le sucre. Faites bouillir 3 min à feu vif. Hors du feu, ajoutez le jus des citrons puis portez à nouveau à ébullition.

Versez le liquide bouillant sur les zestes. Laissez refroidir puis filtrez cette préparation. Versez le sirop dans une bouteille préalablement ébouillantée et séchée. Bouchez hermétiquement.

Conservez au frais et à l'obscurité.

Saison : **mai - septembre** pour la menthe et **août - novembre** pour le raisin

Préparation et cuisson : **20 min** pour la menthe et **1 h** pour le raisin avec **1 à 2 h** de séchage et **5 à 10 jours** de fermentation

Sirop de menthe

J'utilise ce sirop en boisson, particulièrement désaltérante l'été, ou en coulis pour parfumer mes salades de fraises : je verse un filet de sirop sur les fruits coupés et je laisse macérer au frais avant de servir.

Pour 1 bouteille en verre de 75 cl :
60 cl d'eau
600 g de sucre en poudre
300 g de feuilles de menthe fraîche
1 tamis très fin

Dans une casserole, portez l'eau à ébullition avec le sucre et les feuilles de menthe fraîches. Laissez mijoter 5 à 10 min à feu doux. Passez le sirop dans un tamis très fin, mettez en bouteille et conservez de préférence au réfrigérateur.

Jus de raisin

Cette recette traditionnelle peut paraître compliquée mais elle vaut vraiment la peine d'être tentée pour goûter, au moins une fois dans sa vie, à la saveur inimitable d'un vrai jus de raisin noir !

Pour 2 bouteilles en verre de 75 cl :
2 kg de raisin noir
1 kg de sucre en poudre
de la mousseline et 1 tamis très fin

Lavez très soigneusement le raisin puis égrenez-le. Essuyez parfaitement les grains : si vous avez de la patience, vous pouvez les rouler un par un sur une feuille de papier absorbant sinon il vous suffit de les disposer sur un torchon propre et de les laisser à l'air libre pendant 1 ou 2 h.

Placez les grains dans une grande terrine et écrasez-les avec une cuillère en bois. Recouvrez l'ensemble d'une mousseline et laissez fermenter pendant 5 à 10 jours.

Après ce délai, enlevez la peau des grains et leurs pépins en tamisant le moût, puis filtrez avec un tamis : vous devez obtenir un liquide sans impuretés. Si ce n'est pas le cas, recommencez le filtrage. Versez le jus de raisin et le sucre dans une casserole, mettez à feu très doux et, toujours en remuant, portez à ébullition.

Écumez si nécessaire et poursuivez la cuisson pendant 15 min environ après le début de l'ébullition. Retirez le sirop du feu, laissez-le refroidir puis mettez-le en bouteille. Conservez au frais.

CHAPITRE 2

Saison : **juillet - août**

Préparation et cuisson : **1 h** pour la confiture d'abricots à la vanille et **1 h** avec **12 h** de macération pour la confiture d'abricots au citron

Confiture d'abricots à la vanille

C'est une confiture facile à réaliser. Pour un goût plus savoureux, préférez la pleine saison des abricots en juillet et en août. Et n'hésitez pas à demander de l'aide aux enfants pour dénoyauter les fruits.

Pour 8 pots de 25 cl :
3 kg d'abricots dénoyautés
1 ou 2 gousses de vanille
3 kg de sucre en poudre
1 citron vert

Rincez soigneusement les abricots avant de les ouvrir en deux pour les dénoyauter. Fendez une gousse de vanille sur toute la longueur. Grattez les petites graines noires à l'intérieur et mettez le tout dans une bassine à confiture (une marmite ou une grande casserole). Ajoutez le sucre et le jus du citron. Faites cuire les abricots, le sucre et le citron pendant 15 min à feu très vif, sans couvrir et en remuant souvent.

La confiture est prête lorsque quelques gouttes versées sur une assiette froide se figent aussitôt. Écumez et retirez la vanille. Versez la confiture encore chaude dans les pots avec un brin de vanille pour relever le parfum. Fermez à chaud.

Confiture d'abricots au citron

Pour que cette confiture soit encore plus onctueuse et sans morceau je passe les fruits au mixeur avant de les faire cuire.

Pour 3 pots de 25 cl :
1 kg d'abricots dénoyautés
500 g de citrons biologiques
1 kg de sucre en poudre

Rincez et dénoyautez les abricots. Lavez les citrons en les brossant. Prélevez 1 cuil. à soupe de zeste puis pelez les citrons en retirant toutes les membranes et les pépins. Coupez la chair des citrons en petits morceaux et mélangez délicatement aux abricots. Disposez dans une terrine en alternant les couches de fruits avec le sucre et le zeste de citron. Couvrez et laissez macérer pendant une nuit (12 h).

Le lendemain, transvasez le mélange dans la bassine à confiture (une marmite ou une grande casserole), et portez à ébullition à feu moyen. Écumez et laissez cuire à feu doux pendant environ 20 min, en remuant souvent avec une cuillère en bois.

Quand le jus a bien réduit, vérifiez la consistance de la confiture. Retirez la bassine du feu juste avant de verser la confiture dans les pots et fermez à chaud.

Confiture
d'abricot
et citron

Saison : **juillet - août**

Préparation et cuisson : **1 h** avec **12 h** de macération

Confiture d'abricots aux amandes

Vous pouvez réaliser cette confiture d'abricots aux amandes en n'utilisant que les amandes provenant du noyau des fruits mais, pour en adoucir le goût souvent amer, je préfère les associer à quelques amandes effilées ou entières que vous trouvez partout en sachet. J'utilise souvent cette confiture relevée au parfum de pâte d'amandes comme fond de tarte aux abricots, aux pommes ou aux poires.

Pour 3 pots de 25 cl :
1 kg d'abricots pelés et dénoyautés
(comptez au moins 3 kg d'abricots pour
1 kg de chair)
1 kg de sucre en poudre
1 dizaine d'amandes de noyau d'abricot
100 g d'amandes effilées ou entières

Rincez soigneusement les abricots, puis pelez-les et dénoyautez-les. Gardez les noyaux. Pesez les abricots et pesez le même poids de sucre. Il doit vous rester environ 1 kg de chair d'abricots.

Dans un grand saladier en verre, superposez des couches d'abricots et de sucre. Laissez macérer pendant une nuit (12 h).

Cassez, à l'aide d'un casse-noisettes, une dizaine de noyaux d'abricots et récupérez les amandes à l'intérieur. Faites cuire les abricots dans une bassine à confiture (une marmite ou une grande casserole) pendant 15 min.

Dès que la consistance de confiture est atteinte, enlevez du feu. Ajoutez, après cuisson, les amandes d'abricots et saupoudrez d'amandes effilées pour relever le goût d'amande de votre confiture. Mélangez et mettez en pots.

Confiture
Abricot
aux

Saison : **mai - juillet**

Préparation et cuisson : **1 h** pour la confiture de cerises et **1 h** pour la confiture de griottes

Confiture de cerises

Je vous conseille cette confiture de cerises pour accompagner, de façon à la fois traditionnelle et originale, des fromages de brebis.

Pour 8 pots de 25 cl :

3,2 kg de cerises

3 kg de sucre en poudre

1 citron

Lavez et dénoyautez les cerises. Mettez-les dans une casserole. Ajoutez un zeste de citron et le sucre.

Faites cuire en mélangeant avec une spatule en bois et en écumant jusqu'à l'obtention d'une consistance de confiture.

Versez la confiture, encore chaude, dans les pots. Fermez hermétiquement. Rangez dans un endroit frais et obscur.

Confiture de griottes

Pour la confiture de griottes, excellente en accompagnement des fromages basques, je vous suggère de prévoir des petits pots. Son goût très fort en sucre en fait une confiture à consommer en petite quantité. Vous pouvez la parfumer légèrement d'alcool, de kirsch par exemple, juste avant de la verser dans les bocaux.

Pour 4 pots de 125 ml :

1,2 kg de griottes

1 citron

10 cl d'eau

1 kg de sucre

Lavez et dénoyautez les griottes, mettez-les dans un récipient, ajoutez le jus et le zeste de citron râpé.

Faites bouillir l'eau et le sucre dans une casserole. Dès que le sucre est fondu et que l'ébullition est commencée, versez les griottes dans la casserole. Mélangez et laissez bouillir à petit feu, en écumant et en tournant avec une spatule en bois.

Enlevez la casserole du feu lorsque la confiture a atteint la bonne densité (quelques gouttes versées sur une assiette doivent couler très lentement). Ajoutez quelques gouttes d'alcool, si vous voulez, mélangez et versez dans les bocaux à chaud. Fermez hermétiquement et conservez dans un endroit frais et obscur.

Cassiopée WARE

Saison : **août - octobre**

Préparation et cuisson : **1 h** avec **1 h** de macération

Confiture de figues

Cette confiture de figues – que je dois à ma belle-mère – est délicieuse pour confectionner des tapas sucré-salé l'été. Servez-la, sur une fine tranche de pain grillée avec du chèvre frais et un filet d'huile d'olive. Dans les grands restaurants, une cuillère de confiture de figues agrémente souvent les assiettes de foie gras : très chic !

Pour 5 pots de 125 ml :
2 kg de figues mûres
2 kg de sucre en poudre
1/2 citron

Coupez le pétiole des figues, enlevez la peau et coupez les fruits en morceaux.

Mettez les figues dans une grande casserole et laissez-les reposer 1 h.

Faites cuire les figues avec le sucre et le zeste du demi-citron, d'abord à feu doux, pour ne pas caraméliser le sucre, puis portez à ébullition. Mélangez continuellement avec une spatule en bois et écumez jusqu'à l'obtention de la consistance voulue.

Versez à chaud dans les bocaux. Fermez hermétiquement et rangez dans un endroit frais et obscur.

Saison : **août** pour les fraises Marat des bois et **juillet - septembre** pour les framboises
Préparation et cuisson : **1 h** avec **12 h** de macération

Confiture de fraises Marat des bois et de framboises

On appelle aussi cette délicieuse confiture de fraises et de framboises la confiture « en deux temps » ou confiture « cuite deux fois ». La succulente fraise Marat des bois est une variété que l'on ne trouve sur les marchés que pendant très peu de temps, à la fin de la saison des fraises (mi-août). Résistez à la tentation au moment de la préparation car son odeur de fraise des bois est vraiment irrésistible !

Pour 8 pots de 125 ml :
500 g de fraises Marat
500 g de framboises
1 kg de sucre en poudre
1/2 citron

Rincez les fraises et les framboises, si besoin. Si les fruits sont propres (les framboises en particulier), mieux vaut les essuyer simplement pour ne pas les abîmer ou les gorger d'eau. Équeutez les fruits et mettez-les dans un plat avec le jus du demi-citron et le sucre en couches alternées. Recouvrez d'une dernière couche de sucre et laissez reposer une nuit (12 h).

Le lendemain, versez les fruits dans un tamis ou une passoire pour récupérer le jus qui aura dégorgé pendant la nuit. Faites cuire ce jus à feu vif, en écumant souvent, pendant une dizaine de minutes.

Ajoutez les fruits et faites cuire à nouveau, pendant environ 30 min cette fois. Écumez régulièrement et vérifiez la cuisson (quelques gouttes versées sur une assiette froide s'écoulent lentement). Mettez en pots à chaud et conservez dans un endroit frais.

F R A I S E

Saison : **juillet - septembre** pour les framboises, **mai - juillet** pour les cerises, **avril - septembre** pour les fraises et **juin - août** pour les groseilles
Préparation et cuisson : **45 min** avec **12 h** de macération pour la confiture de framboises et **1 h 30** pour la confiture aux quatre fruits rouges

Confiture de framboises

Les framboises supportent mal d'être manipulées ou de séjourner au réfrigérateur. Souvent, il n'est pas nécessaire de les laver mais, pour cette recette, le fruit légèrement humide rendra plus rapidement son jus.

Pour 4 pots de 125 ml :
1 kg de framboises (8 barquettes de 150 g)
1 kg de sucre en poudre
1/2 citron

Passez les framboises rapidement sous un jet d'eau froide très doux pour les laver. Égouttez-les et mettez-les dans un récipient en verre. Recouvrez-les du sucre et du jus de citron. Laissez macérer toute une nuit (12 h). Le lendemain, égouttez le jus des framboises et faites-le épaissir dans une casserole à feu vif. Lorsque le jus a réduit de moitié, ajoutez les framboises en mélangeant et en écumant avec une cuillère en bois. Lorsque la confiture est prête, ôtez-la du feu et versez-la aussitôt dans les bocaux afin que le parfum des framboises fraîches reste intact.

Si vous voulez fermer hermétiquement vos pots en les couvrant de paraffine, laissez refroidir la confiture avant de verser délicatement dessus une couche de 5 mm de paraffine chaude et liquide. Fermez ensuite avec un film transparent et un élastique. Rangez dans un endroit sec et obscur.

Confiture aux quatre fruits rouges

Les quatre fruits rouges en question sont à parfaite maturité en juillet. Pour une fois, je vous invite à respecter scrupuleusement la recette à cause des temps de cuisson différents pour chaque fruit.

Pour 8 pots de 125 ml :
500 g de cerises
500 g de fraises
500 g de groseilles
500 g de framboises
2 kg de sucre en poudre
40 cl d'eau
1/2 citron

Rincez, équeutez et dénoyautez les fruits. Mettez le sucre avec l'eau dans une bassine à confiture (ou une grande casserole). Ajoutez un filet de jus de citron. Portez à ébullition. Faites cuire jusqu'à l'obtention d'une consistance sirupeuse.

Mettez d'abord les cerises dans le sirop et faites cuire 20 min à chaleur modérée. Ajoutez ensuite les fraises et poursuivez la cuisson 15 min à feu vif. Ajoutez les groseilles et comptez encore 5 min de cuisson. Mettez enfin les framboises et terminez la cuisson pendant 15 à 20 min. Écumez régulièrement pendant toute la durée de la cuisson (1 h en tout). Répartissez la confiture dans les pots. Fermez à chaud.

Saison : **toute l'année**

Préparation et cuisson : **2 h 30**

Confiture de lait

Dans un livre qui s'intéresse avant tout à la conservation des fruits et des légumes, le lait semble un peu hors sujet ! Mais cette recette porte bien le nom de « confiture » et c'est bien de « conservation » qu'il s'agit puisque vous pourrez conserver cette crème de lait jusqu'à trois mois. Le résultat le plus savoureux s'obtient avec du lait cru. Cette préparation originale, à la consistance onctueuse d'une pâte à tartiner, se déguste traditionnellement comme un dessert argentin, avec de fines tranches de banane.

Pour 2 pots de 25 cl :
1 l de lait (cru de préférence)
400 g de sucre en poudre
1 gousse de vanille

Mettez le sucre, le lait et la vanille dans une grande casserole dont le fond épais diffuse uniformément la chaleur. Portez à ébullition.

Au premier bouillon, baissez le feu et laissez cuire 2 h à feu très doux, le lait doit juste frémir. Mélangez toutes les 5 min. Le liquide va progressivement s'épaissir et diminuer de moitié.

Quand il fonce légèrement, mélangez plus souvent et veillez à ce que le fond de la casserole n'accroche pas. Remuez constamment pendant les 10 dernières minutes de cuisson jusqu'à l'obtention d'une crème de couleur caramel clair.

Quand la confiture a atteint sa consistance crémeuse et cette couleur caramel clair, ne prolongez pas trop la cuisson : le mélange épaissirait encore et, en refroidissant, prendrait une consistance granuleuse.

Versez le liquide bouillant dans les pots et fermez-les aussitôt.

Attention, cette confiture particulière se conserve au réfrigérateur et se consomme dans les trois mois.

LAIT

Saison : **août - septembre** pour les mirabelles et **août - octobre** pour les prunes
Préparation et cuisson : **1 h 30** pour la confiture de mirabelles et **1 h** pour la confiture de prunes

Confiture de mirabelles

Pour réaliser cette recette, je me souviens que mes grands-mères enfermaient dans un filet de gaze les noyaux des mirabelles. Plongé dans la marmite, ce petit ballotin de noyaux garantissait la prise de la confiture. Aujourd'hui, en pensant à elles, je laisse plus simplement deux noyaux de mirabelles dans la casserole au moment de la cuisson...

Pour 4 pots de 25 cl :
1 kg de mirabelles dénoyautées
1 kg de sucre en poudre
25 cl d'eau
1/2 citron

Rincez et essuyez soigneusement les mirabelles avant de les dénoyauter. Réservez quelques noyaux pour la cuisson. Dans une bassine à confiture, ou une grande casserole, portez l'eau à ébullition avec le sucre et un filet de citron. Faites cuire à feu vif.

Ajoutez les mirabelles dans ce sirop bouillant puis faites cuire avec quelques noyaux pendant 20 min à feu doux. À l'aide d'une écumoire, retirez les mirabelles et répartissez-les dans les pots en remplissant ces derniers à mi-hauteur.

Poursuivez la cuisson du sirop pendant 20 à 25 min jusqu'à ce qu'il devienne bien épais. Retirez les noyaux. Versez le sirop bouillant sur les mirabelles puis fermez les pots ou couvrez selon la méthode choisie.

Confiture de prunes

Je vous conseille de couper les prunes en petits morceaux avant de les faire cuire ou de passer la préparation au mixeur avant de mettre en pot pour éviter les longs morceaux de peau dans cette confiture.

Pour 6 pots de 25 cl :
3 kg de prunes
1,6 kg de sucre
1 citron

Lavez les prunes et coupez-les grossièrement en petits morceaux. Dans une casserole, mélangez les morceaux de prunes, le jus du citron avec un peu de zeste et le sucre. Mettez la casserole sur le feu et portez lentement à ébullition en mélangeant et en écumant régulièrement.

Lorsque la confiture atteint la consistance désirée, retirez la casserole du feu et versez-la aussitôt dans les pots. Fermez immédiatement et conservez dans un endroit frais et obscur.

Saison : **juillet - septembre** pour les mûres et voir calendrier p. 150 pour les autres fruits
Préparation et cuisson : **1 h** pour la confiture de mûres et **3 h** pour la confiture tricolore

Confiture de mûres

Si vous cueillez vos mûres, n'hésitez pas à garder quelques mûres vertes, ou « pas mûres », pour permettre à la confiture de mieux prendre et lui donner un petit goût acidulé.

Pour 6 pots de 25 cl :
2 kg de mûres
vin blanc pour le rinçage (facultatif)
10 cl d'eau
2 kg de sucre en poudre
1/2 citron

Rincez rapidement les mûres à l'eau froide ou, mieux encore, au vin blanc. Égouttez et laissez sécher.

Mettez le sucre et l'eau dans une casserole, portez à ébullition pendant 3 min. Versez les mûres dans ce sirop en ébullition, en les mélangeant bien. Laissez cuire lentement sans couvrir. Mélangez fréquemment et écumez. Dès que la consistance voulue est atteinte, enlevez du feu et ajoutez le jus du demi-citron.

Mettez en pots à chaud, fermez hermétiquement et rangez dans un endroit frais.

Confiture tricolore

Cette confiture à trois étages s'obtient tout simplement en superposant trois confitures de couleurs différentes. Pour le rouge : des fraises ou des framboises. Pour le jaune orangé : des abricots ou des mirabelles. Pour le noir : des mûres ou des cerises. Vous pouvez aussi prendre de la rhubarbe pour le vert ou des poires pour le jaune.

Pour 3 pots de 25 cl :
500 g de fruits rouges (type fraises)
500 g de fruits jaunes (type abricots)
500 g de fruits noirs (type mûres)
1,5 kg de sucre
1/2 citron

Réalisez votre première confiture de couleur rouge (voir recette p. 50) et remplissez le premier tiers des pots. Versez ensuite la seconde confiture de couleur jaune (voir recette p. 42) pour atteindre les deux tiers. Ajoutez enfin la troisième confiture de fruits noirs (voir recette ci-dessus) et fermez les pots à chaud immédiatement.

Les confitures de couleurs différentes ne se mélangeront pas si vous les réalisez successivement en laissant refroidir chaque couche avant de verser la suivante.

Saison : **septembre - mars**

Préparation et cuisson : **1 h**

Poires à la vanille

Idée de dernière minute pour un dessert : ajoutez cette confiture à un fromage blanc crémeux et saupoudrez de quelques copeaux de chocolat. Succès garanti chez les enfants !

Pour 4 pots de 25 cl :

1 kg de poires

1 citron

20 cl d'eau

750 g de sucre en poudre

1 gousse de vanille

Prélevez le zeste du citron et pressez-le. Épluchez, épépinez et coupez les poires en quartiers. Arrosez-les aussitôt de jus du citron afin d'éviter qu'elles noircissent. Faites-les cuire 2 min à l'eau bouillante. Rafraîchissez-les et égouttez-les.

Dans une bassine à confiture (une marmite ou une grande casserole), portez l'eau à ébullition avec le sucre, le zeste du citron et la gousse de vanille fendue. Ajoutez les poires.

Laissez cuire 40 à 45 min à feu vif. Vérifiez la cuisson en versant un peu de confiture sur une assiette froide. Elle doit se figer sur les bords et s'écouler doucement.

Retirez le zeste de citron et la vanille, écumez puis procédez à la mise en pots. Fermez à chaud ou couvrez de paraffine à froid. Conservez au frais.

Liter/Litre Zucker/Sucre
1000 ccm
900
800
700
600
500
400
300
200
100
1000 g
900
800
700
600
500
400
300
200
100

Saison : **mai - septembre**

Préparation et cuisson : **1 h** avec **12 h** de macération pour la confiture de rhubarbe et **1 h** pour la confiture de rhubarbe et fraises

Confiture de rhubarbe

Riche idée dessert de dernière minute : évidez une grosse pomme Boskov et ajoutez votre confiture de rhubarbe à l'intérieur. Passez 4 min au micro-ondes. Consommez tiède avec une cuillère de crème fraîche.

Pour 2 pots de 385 ml :
2,5 kg de rhubarbe blanche et tendre
2 citrons
1,5 kg de sucre en poudre

Lavez la rhubarbe en la plongeant dans de l'eau froide acidulée du jus de l'un des citrons. Coupez les côtes en morceaux d'une longueur d'environ 1 cm. Placez la rhubarbe dans une grande terrine, arrosez-la du jus du second citron, ajoutez le sucre et mélangez le tout. Laissez macérer pendant une nuit (12 h).

Le lendemain, égouttez le jus produit par la rhubarbe et mettez-le dans une casserole. Faites-le réduire d'au moins la moitié, puis ajoutez les petits morceaux de rhubarbe et faites-les cuire en mélangeant et en écumant jusqu'à l'obtention d'une consistance de purée. Quand la confiture épaissie colle à la cuillère, ôtez-la du feu et versez-la à chaud dans les bocaux. Fermez immédiatement et retournez les pots pour garantir une fermeture hermétique. Rangez dans un endroit frais.

Confiture de rhubarbe et de fraises

Les fraises adouciront agréablement le parfum de la rhubarbe à laquelle on reproche souvent un peu trop d'amertume...

Pour 1 pot de 385 ml :
500 g de rhubarbe
20 cl de jus d'orange
750 g de fraises
700 g de sucre en poudre

Coupez la rhubarbe en tronçons de 3 cm. Faites-la cuire dans le jus d'orange pendant une dizaine de minutes. Pendant ce temps, écrasez les fraises, préalablement lavées et séchées, à la fourchette. Quand la rhubarbe est réduite en compote, ajoutez les fraises écrasées, le sucre et mélangez bien le tout. Portez ce mélange à ébullition puis laissez bouillir 10 min. Mélangez de temps en temps avec une cuillère en bois pendant la cuisson et écumez si nécessaire.

Versez la confiture dans le pot stérilisé, fermez directement. Tournez le pot et laissez-le reposer 5 min sur son couvercle. Conservez dans un endroit frais.

Saison : **juin - septembre**

Préparation et cuisson : **1 h**

Marmelade de tomates rouges

Cette marmelade originale peut vous servir comme fond pour une tarte à la tomate qu'elle parfume d'un goût légèrement sucré. Elle est également idéale pour la préparation d'une tarte Tatin à la tomate ou d'un crumble à la tomate.

Pour 2 pots de 340 ml :

3 kg de tomates rouges

2 citrons

1,8 kg de sucre en poudre

20 cl de rhum

Ébouillantez les tomates, sortez-les de l'eau et ôtez la peau. Pressez-les afin d'enlever les graines et d'éliminer leur eau.

Placez les tomates dans une casserole en y ajoutant le jus des citrons et le zeste de l'un d'eux. Portez à ébullition pendant 5 min, en mélangeant de temps en temps et en écumant souvent.

Retirez du feu et passez au tamis. Versez la pulpe recueillie dans la casserole en y ajoutant le sucre. Faites cuire à nouveau en mélangeant et en écumant jusqu'à l'obtention d'une consistance de marmelade.

Ajoutez le rhum.

Retirez du feu et versez la marmelade chaude dans les bocaux. Fermez hermétiquement et rangez dans un lieu frais.

Saison : **juin - septembre**
Préparation et cuisson : **1 h**

Marmelade de tomates vertes

Qu'elles soient rouges ou vertes, les tomates sont des fruits gorgés d'eau. Attention : comptez 3 kg pour deux gros pots !

Pour 2 pots de 340 ml :
3 kg de tomates vertes à chair ferme
1,8 kg de sucre en poudre
2 citrons
20 cl d'alcool au choix (rhum, cognac)

Lavez les tomates vertes à l'eau froide. Ouvrez-les en deux et pressez-les pour éliminer les graines et le jus. Coupez-les en petits morceaux et mettez-les dans une terrine.

Ajoutez le sucre, le zeste râpé d'un des citrons, le jus filtré des deux citrons et mélangez pour bien répartir le sucre.

Versez le tout dans une casserole et faites bouillir pendant 5 min en mélangeant et en écumant régulièrement.

Lorsque la pulpe est légèrement défaite, enlevez du feu et passez au tamis. Versez la purée obtenue dans la casserole et faites cuire jusqu'à l'obtention d'une consistance de marmelade dense et claire.

Pour s'assurer de la bonne cuisson, versez un peu de marmelade sur une assiette légèrement inclinée : la marmelade doit glisser très lentement.

Arrêtez alors la cuisson et ajoutez l'alcool de votre choix pour parfumer la marmelade. Versez à chaud dans les bocaux et fermez hermétiquement. Rangez dans un endroit frais.

Saison : voir calendrier p. 150
Préparation et cuisson : **2 h** pour la marmelade d'agrumes et vanille
et **2 h** pour la marmelade douce d'agrumes

Marmelade d'agrumes et vanille

Les pépins favorisent la prise de la confiture : vous pouvez les recueillir dans une gaze ou un sachet de toile fine pour accompagner la cuisson.

Pour 8 pots de 25 cl :
1 kg de pamplemousses
1 kg d'oranges
1 kg de citrons
1 kg de sucre
1,5 l d'eau
3 brins de vanille

Lavez soigneusement les pamplemousses, les oranges et les citrons en brossant bien leur peau. Épluchez-les de façon à ne garder que leur zeste et non la partie blanche amère de la peau. Coupez les zestes en fines lamelles. Pressez les agrumes et recueillez leur jus dans un bol. Versez l'eau dans une casserole, ajoutez le jus et le zeste des fruits ainsi que les brins de vanille ouverts sur toute la longueur.

Mettez la casserole sur le feu et portez à ébullition. Continuez la cuisson à feu doux pendant environ 1 h 30. Ajoutez le sucre et faites-le fondre à feu doux tout en remuant. Quand le sucre est complètement dissous, montez la flamme et portez à ébullition. Poursuivez la cuisson jusqu'à ce que la marmelade ait la consistance désirée. Retirez la casserole du feu, écumez et mettez en pots à chaud.

Marmelade douce d'agrumes

Les pommes et les poires adoucissent le goût amer des agrumes.

Pour 3 pots de 25 cl :
500 g d'agrumes (oranges et citrons)
250 g de poires
250 g de pommes
1,5 kg de sucre
1,5 l d'eau

Lavez soigneusement les fruits. Épluchez les agrumes de façon à éliminer la partie blanche amère, puis coupez le zeste en lamelles. Pressez-les et recueillez le jus dans un bol. Coupez les poires et les pommes en quatre, épluchez-les et enlevez les pépins. Mettez le jus et le zeste des agrumes dans une grande casserole avec les tranches de pommes et de poires. Recouvrez d'eau et portez à ébullition.

Laissez cuire à feu doux pendant 1 h en surveillant continuellement. Ajoutez le sucre et faites-le fondre à feu doux, toujours en mélangeant. Quand le sucre est complètement fondu, faites cuire à feu vif jusqu'à ce que la marmelade ait la consistance désirée. Retirez la casserole du feu, écumez et mettez en pots à chaud.

LA SOCULENTE

Saison : **mai - septembre** pour la menthe

Préparation et cuisson : **1 h**

Marmelade à la menthe et aux pommes

Cette marmelade originale (préparée ci-contre avec mes neveux Thimothé et Amaury) peut être utilisée comme un chutney pour relever la chair blanche d'un poisson, une lotte par exemple. Vous pouvez aussi l'utiliser à l'anglaise pour accompagner la cuisson d'un gigot d'agneau. Tout simplement diluée dans de l'eau fraîche, elle donne aussi un excellent jus de pomme parfumé à la menthe.

Pour 2 pots de 385 ml :

150 g de feuilles tendres de menthe poivrée

1 kg de pommes pelées et coupées

2 citrons

700 g de sucre en poudre

1 tamis

Pelez et coupez les pommes et plongez-les dans un saladier rempli d'eau froide acidulée du jus des citrons pour éviter qu'elles noircissent en s'oxydant.

Dans une marmite ou dans une grande casserole, rassemblez les pommes égouttées, le zeste râpé d'un citron, les feuilles de menthe finement hachées et quelques pincées de sucre.

Portez doucement à ébullition en mélangeant et en écumant régulièrement jusqu'à ce que les pommes soient cuites.

Enlevez du feu et passez le tout au tamis pour obtenir une purée de couleur verte.

Ajoutez le sucre et le jus du second citron.

Faites cuire cette purée à feu vif en mélangeant et en écumant jusqu'à l'obtention d'une consistance de marmelade.

Ôtez du feu et versez, à chaud, dans les bocaux. Fermez hermétiquement et conservez dans un endroit frais.

Saison : **toute l'année**

Préparation et cuisson : **1 h**

Marmelade d'oranges

À déguster à l'anglaise, sur un toast accompagné d'une tasse de thé, ou, à la française, pour garnir des crêpes Suzette. Vous trouverez des oranges d'assez bonne qualité toute l'année mais en particulier l'hiver, d'octobre à février, et c'est tant mieux... car la marmelade d'oranges est très appréciée en guise de cadeau de Noël !

Pour 4 pots de 125 ml :

1 kg d'oranges à peau épaisse et souple

700 g de sucre en poudre

Faites cuire les oranges entières 10 min dans de l'eau bouillante. Sortez-les pour les plonger immédiatement dans de l'eau bien froide.

Prenez les oranges une par une et piquez-les profondément partout avec une fourchette ou une longue épingle à tricoter.

Remettez-les à cuire 10 min dans de l'eau bouillante puis plongez-les à nouveau dans de l'eau froide et égouttez-les.

Coupez les oranges en tranches minces et retirez les pépins sans vous préoccuper de quelques-uns qui resteraient dans la préparation (ils favoriseront la prise de la confiture).

Versez-les dans une bassine à confiture (une marmite ou une grande casserole), ajoutez le sucre et faites cuire à feu doux 20 min environ.

Vérifiez la bonne cuisson de votre marmelade : une goutte du jus lâchée dans de l'eau froide doit former une boule craquante.

Mettez en pots et fermez à chaud. Conservez dans un endroit frais.

Confiture
d'orange
douce

Saison : **toute l'année**

Préparation et cuisson : **45 min**

Gelée de citron au thé

Je dois cette recette à ma belle-sœur, Marie, qui parfume ses marmelades et ses gelées avec toutes sortes de thés qu'elle verse, en petite quantité, directement dans la préparation. Cette gelée de citron au goût très prononcé peut être réalisée en très petite quantité. Elle se déguste avec un gâteau de type quatre-quarts au citron ou encore avec des scones tièdes et un peu de crème fraîche.

Pour 2 pots de 25 cl :
10 citrons
20 g de gélifiant
1 kg de sucre en poudre
2 cuil. à soupe de thé (Earl Grey ou Ceylan)
1 tamis

Lavez les citrons à l'eau. Prélevez 30 g de zeste très fin à l'aide d'un économe. Versez 90 cl de jus de citron dans une casserole avec le zeste.

Portez le jus à ébullition, versez le thé et laissez macérer pendant 3 min.

Passez le citron et le thé dans un tamis très fin. Dans un plat, mélangez 2 cuil. à soupe de sucre et le gélifiant.

Ajoutez le jus de citron au thé et tout le sucre restant. Faites bouillir et laissez cuire 3 min sans cesser de remuer.

Retirez la casserole du feu. Écumez la gelée et versez-la dans les pots. Fermez les pots à froid. Conservez-les dans un endroit frais.

Attention : les confitures et les marmelades peuvent être mises en bocal à chaud ou à froid, tandis que les gelées se couvrent toujours à froid, si possible après un à trois jours de repos.

Saison : **juin - août** pour les groseilles, **juin - septembre** pour les framboises, **avril - septembre** pour les fraises

Préparation et cuisson : **1 h** avec **3 jours** de repos pour les deux gelées

Gelée aux trois fruits rouges

Les fruits rouges le plus souvent utilisés en trio pour cette gelée sont les groseilles et les fraises, pour leur goût acidulé, et les framboises, pour leur douceur et leur consistance onctueuse. Vous pouvez aussi remplacer les groseilles par des myrtilles ou du cassis.

Pour 4 pots de 25 cl :

1 kg de groseilles

1 kg de framboises

350 g de fraises des bois

1,8 kg de sucre en poudre

1 citron

Pressez les groseilles et les framboises pour obtenir en tout environ 1,5 kg de jus épais. Ajoutez le sucre, le jus de citron et un peu de zeste. Mettez le jus et le sucre dans une casserole et portez à ébullition très lentement en écumant régulièrement.

Lorsque le jus devient sirupeux et épais, la consistance d'une gelée sera atteinte. Versez dans le mélange les fraises nettoyées et sèches. Mélangez et poursuivez la cuisson à feu moyen pendant environ 5 min, jusqu'à ce que les fraises soient bien intégrées à la gelée. Veillez à ce que cette gelée ne dépasse pas la bonne consistance car ceci pourrait altérer sa saveur et sa couleur ou créer une cristallisation du sucre. La gelée est prête lorsque les fraises ont rendu tout leur jus et que leurs chairs tombent au fond de la casserole. Ôtez du feu et versez dans les bocaux. Laissez refroidir à l'air libre 3 jours avant de visser les couvercles. Conservez dans un endroit frais.

Gelée de groseilles

La groseille est le fruit de la gelée par excellence. La préparation permet en effet de restituer le goût subtil du fruit débarrassé de toutes ses graines et petites peaux amères.

Pour 4 pots de 125 ml :

1 kg de groseilles

1 kg de sucre en poudre

1 citron

1 tamis

Lavez et égrenez les groseilles. Laissez-les sécher. Passez les baies à travers un tamis très fin en les écrasant avec les mains. Récoltez le jus dans un grand récipient de verre (ou toute autre matière qui ne soit pas du métal). Ajoutez le sucre, le jus du citron et quelques zestes.

Mélangez avec une cuillère en bois et laissez reposer 2 h en mélangeant souvent. Versez le tout dans les bocaux et laissez reposer sans couvercle sous un linge pendant 3 jours. Fermez les bocaux et rangez-les dans un endroit frais et obscur.

Quality Fruit

CHAPITRE 3

Saison : **septembre - avril** pour l'ail et **toute l'année** pour les échalotes

Préparation et cuisson : **30 min** pour l'ail et **30 min** pour les échalotes avec **2 h** de séchage

Ail à l'huile

Pour ceux qui aiment tous les plats relevés à l'ail. Conservé à l'huile, l'ail est idéal pour préparer un aïoli, pour assaisonner une salade ou pour relever une mayonnaise. Vous pourriez gagner du temps avec un robot électrique mais la saveur de votre ail haché manuellement ne sera pas du tout la même. Alors courage et vive les bonnes veilles méthodes !

Pour 2 bocaux de 125 ml :
20 gousses d'ail
huile d'olive vierge extra

Épluchez les gousses d'ail en retirant la pellicule extérieure dure et la tige verte centrale, indigeste. Puis, hachez-les en utilisant un hachoir à main ou un couteau. Mettez l'ail haché dans les bocaux. Recouvrez avec de l'huile d'olive jusqu'à 2 cm au-dessus du niveau de l'ail.

Avant de refermer les bocaux, remuez le mélange avec une spatule en bois. Conservez au frais et à l'obscurité. Si vous ouvrez un bocal, veillez à ajouter de l'huile pour que l'ail soit toujours recouvert.

Échalotes à l'huile

Pour éviter de pleurer à chaudes larmes, chacun son truc... le mien consiste à éplucher les échalotes sous l'eau du robinet.

Pour 4 bocaux de 125 ml :
2 kg d'échalotes roses
1 l de vinaigre
25 cl de vin blanc
5 clous de girofle
1 branche de cannelle
50 g de sucre en poudre
2 feuilles de laurier
sel
5 grains de poivre
huile d'olive vierge extra

Mettez les échalotes dans une casserole assez large et recouvrez-les avec le vinaigre, le vin blanc, les clous de girofle, la cannelle, le sucre, le laurier et le sel. Portez à ébullition et laissez bouillir pendant 10 min. Égouttez les échalotes et étalez-les sur un torchon pendant 2 h pour les sécher.

Placez les échalotes dans les bocaux avec le poivre et recouvrez d'huile. Fermez hermétiquement et conservez au sec et à l'obscurité.

FAMILIA WISS

Saison : **juin - octobre**
Préparation et cuisson : **30 min**

Fonds d'artichauts à l'huile

Je vous encourage toujours à consommer des légumes frais mais je tolérerai une exception pour cette recette qui nécessite l'achat de plusieurs artichauts pour ne cuisiner que les fonds. Quand je n'ai pas l'occasion de préparer de gros artichauts entiers, j'utilise souvent des fonds surgelés.

Pour 3 bocaux de 50 cl :
1 kg de fonds d'artichauts
20 cl d'huile d'olive
2 cuil. à soupe de gros sel
poivre en grains
1 demi-citron

Faites blanchir les fonds d'artichauts 3-4 min dans de l'eau bouillante avec 1 cuil. à soupe de gros sel. Égouttez les fonds et placez-les dans les bocaux.

Ajoutez le reste du sel, quelques grains de poivre, le jus du demi-citron et un petit fond d'huile d'olive dans chaque bocal.

Fermez hermétiquement les bocaux et stérilisez-les dans de l'eau bouillante pendant 20 min. Conservez au frais.

Saison : **juin - octobre**

Préparation et cuisson : **30 min**

Petits artichauts à l'huile

Les recettes pour la conservation des artichauts à l'huile et des artichauts au vinaigre sont quasiment identiques, seul diffère le goût de l'artichaut après quelques semaines de macération.

Pour 4 bocaux de 50 cl :
1 kg d'artichauts petits ou violets
50 cl d'huile d'olive
1 citron
1 l de vinaigre ou de vin blanc
poivre en grains
10 feuilles de laurier
2 clous de girofle
1 cuil. à café de gros sel

Enlevez les feuilles extérieures des artichauts pour ne laisser que les feuilles internes, plus claires et plus tendres. Plongez les artichauts dans de l'eau froide acidulée du jus de citron. Coupez les plus gros artichauts en deux.

Faites bouillir 1 l d'eau avec le vinaigre. Ajoutez du poivre, 5 feuilles de laurier, les clous de girofle et le sel. À ébullition, jetez-y les artichauts et baissez le feu. Laissez cuire doucement pendant environ 5 min. Égouttez et faites sécher. Versez ensuite dans les bocaux, ajoutez quelques grains de poivre et une feuille de laurier dans chaque bocal. Recouvrez d'huile, fermez hermétiquement et conservez au frais.

Petits artichauts au vinaigre

Conservé au vinaigre, l'artichaut devient un condiment relevé, assez proche du cornichon, qui peut accompagner un plat de charcuterie ou une raclette.

Pour 4 bocaux de 50 cl :
1 kg de petits artichauts
1 l de vinaigre blanc
1 citron
poivre en grains
2 ou 3 clous de girofle
5 feuilles de laurier
20 cl d'huile d'olive

Enlevez les feuilles extérieures des artichauts en ne conservant que la partie la plus tendre. Coupez la partie supérieure des feuilles et, au fur et à mesure, plongez les artichauts dans de l'eau acidulée du jus du citron.

Portez à ébullition le vinaigre avec quelques grains de poivre, les clous de girofle et les feuilles de laurier. Plongez-y les artichauts et laissez bouillir 2 à 3 min (selon la taille des artichauts). Ôtez du feu et laissez refroidir dans le même vinaigre. Mettez le tout en bocaux en veillant à ce que le vinaigre recouvre bien les artichauts. Versez l'huile et fermez hermétiquement les bocaux. Conservez au frais.

Saison : **juin - octobre**
Préparation et cuisson : **30 min** avec **12 h** pour que les aubergines dégorgent

Aubergines à l'huile

Servez les aubergines à l'huile, tièdes, avec une fine tranche de parmesan, en accompagnement de spaghettis à la sauce tomate.

Pour 5 bocaux de 50 cl :
3 kg de petites aubergines violettes longues
5 cuil. à soupe de gros sel
1 cuil. à café de poivre moulu
50 cl de vinaigre blanc
1 l d'eau
quelques feuilles de basilic
quelques gousses d'ail
1 grosse cuil. à soupe d'huile d'olive

Lavez rapidement les aubergines à l'eau froide et séchez-les avec un torchon. Éliminez la tige et coupez-les en fines tranches de 0,5 cm d'épaisseur. Salez, poivrez et laissez dégorger une nuit (12 h) sur un linge.

Faites bouillir le vinaigre et l'eau. Plongez-y les tranches d'aubergines pendant 5 min. Retirez les tranches avec une écumoire et laissez-les sécher sur un tamis. Une fois sèches, rangez les tranches dans les bocaux avec des feuilles de basilic et quelques gousses d'ail. Recouvrez d'huile et fermez hermétiquement les bocaux. Conservez au frais. Vérifiez régulièrement le niveau d'huile et rajoutez-en si besoin.

Aubergines au vinaigre

Variante de la recette classique des aubergines à l'huile, cette recette donne à l'aubergine un goût relevé, à servir comme condiment.

Pour 5 bocaux de 50 cl :
3 kg d'aubergines violettes de taille moyenne
180 g de gros sel
1 cuil. à café de poivre moulu
1 l d'eau
1 citron
quelques feuilles de persil, basilic, laurier
1 l de vinaigre blanc
poivre en grains à volonté
huile d'olive

Coupez les aubergines en tranches d'une épaisseur de 0,5 cm environ. Retirez la partie interne qui est trop spongieuse. Salez et poivrez abondamment les tranches d'aubergines. Laissez-les dégorger sur un linge pendant une nuit (12 h).

Ébouillantez les tranches d'aubergines dans l'eau acidulée du jus du citron. Retirez les tranches avec une écumoire et laissez-les sécher sur un torchon. Rangez dans les bocaux, ajoutez quelques feuilles de basilic, de persil, de laurier coupées en morceaux et du poivre. Couvrez de vinaigre et d'une mince couche d'huile d'olive avant de fermer les bocaux.

Saison : **mai - août**

Préparation et cuisson : **20 min**

Basilic au gros sel

Une fois coupé, le basilic fane très rapidement. Voilà enfin la solution pour conserver les nombreuses feuilles qui vous restent après la préparation de vos salades tomate-mozzarella... Le basilic au gros sel entre dans la préparation de sauces et vinaigrettes dans lesquelles on veillera à ne pas rajouter trop de sel.

Pour 2 bocaux de 125 ml :

200 g de basilic

huile d'olive

gros sel

Lavez et séchez le basilic dans un torchon propre. Enlevez les tiges et mettez les feuilles de basilic dans les bocaux en alternant avec des couches de gros sel.

Pressez pour éliminer l'air qui reste entre les feuilles. Ajoutez une dernière couche de gros sel.

Versez l'huile d'olive et fermez les bocaux. Rangez-les dans un endroit frais, sec et à l'obscurité.

Saison : **toute l'année**

Préparation et cuisson : **15 min** avec **2 h** de séchage

Câpres au sel

Le câpre conservé au sel est l'ingrédient idéal pour accompagner les sauces des poissons à chair blanche et en particulier la raie au beurre noir. Il s'utilise tout aussi bien pour la préparation des tartares de bœuf.

Pour 8 bocaux de 125 ml :

1 kg de câpres frais

1 kg de gros sel

Lavez, égouttez et laissez sécher les câpres dans un endroit sec pendant environ 2 h. Mettez dans les bocaux une couche de câpres, une couche de gros sel, puis une autre couche de câpres et ainsi de suite.

Fermez les bocaux et rangez-les dans un endroit sec et frais.

Au moment de l'utilisation, rincez plusieurs fois les câpres dans de l'eau froide. Veillez à ne pas trop saler les plats que ces câpres au sel accompagneront.

Saison : **octobre - mars** pour les carottes et **mai - juillet** pour les petits pois
Préparation et cuisson : **2 h** pour les carottes et **40 min** pour les petits pois

Carottes au naturel

Servez ces carottes en accompagnement d'une blanquette de veau : égouttez-les bien avant de les disposer, juste tiédies, sur du riz blanc.

Pour 2 bocaux de 1 l :
2 kg de petites carottes tendres
quelques pincées de sel
quelques pincées de sucre en poudre
quelques feuilles de laurier

Grattez les carottes, coupez-les en lamelles dans le sens de la longueur (et en deux pour les raccourcir si elles sont très longues). Faites-les cuire dans de l'eau salée pendant 10 min. Égouttez et laissez refroidir.

Disposez les carottes dans les bocaux et recouvrez-les d'eau salée, que vous aurez préalablement fait bouillir et laissé refroidir complètement. Mettez une petite pincée de sucre et une feuille de laurier dans chaque bocal. Fermez et stérilisez les bocaux pendant 1 h 30 dans de l'eau bouillante. Rangez dans un endroit frais.

Petits pois au naturel

J'ajoute souvent à mes conserves de petits pois quelques petits oignons blancs préalablement épluchés et passés 5 min à l'eau bouillante. Tout comme les petits oignons, les carottes sont souvent associées aux bocaux de petits pois car elles se conservent aussi très bien dans l'eau sucrée-salée de cette préparation.

Pour 2 bocaux de 1 l :
2 kg de petits pois
40 g de sel
2 l d'eau
16 g de sucre en poudre (8 g pour 1 l d'eau)

Égrenez les petits pois et versez-les dans une grande quantité d'eau bouillante légèrement salée ; laissez bouillir 3 min. Égouttez, laissez sécher et rangez les petits pois bien secs dans les bocaux.

Dans une casserole, préparez le liquide de conservation : sucrez et salez l'eau. Portez à ébullition et laissez bouillir pendant 2 min. Laissez refroidir puis versez dans les bocaux avec les petits pois.

Fermez hermétiquement, stérilisez 30 min et rangez dans un endroit frais, sec et à l'obscurité.

Saison : **octobre - novembre**

Préparation et cuisson : **1 h** avec **30 min** de séchage

Cèpes à l'huile

Cette recette savoureuse de cèpes à l'huile accompagnera noblement les plats les plus simples : une omelette bien baveuse ou une côte de bœuf par exemple. Avant de les consommer, sortez les cèpes du bocal et faites-les revenir dans une poêle avec un peu d'ail (ou de l'ail à l'huile).

Pour 2 bocaux de 1,5 l :

2 kg de cèpes

1,5 l de vinaigre blanc

30 clous de girofle

quelques feuilles de laurier

1 cuil. à soupe de gros sel

quelques grains de poivre

50 cl d'huile d'olive

Nettoyez délicatement les cèpes avec un linge humide ou du sopalin. Évitez de les passer à l'eau si possible. Le cèpe, champignon très spongieux, risquerait de se gorger d'eau et de perdre un peu de sa saveur.

Faites bouillir le vinaigre blanc et plongez-y les champignons pendant 3 min.

Égouttez les cèpes en les plaçant dans des plats recouverts de torchons propres. Laissez-les essorer pendant 30 min.

Plantez un clou de girofle dans chaque cèpe.

Placez les champignons dans les bocaux en y ajoutant au fur et à mesure quelques feuilles de laurier.

Sur la dernière couche, ajoutez le gros sel et quelques grains de poivre puis recouvrez d'huile d'olive et fermez hermétiquement. Stérilisez dans de l'eau bouillante pendant 30 min.

Conservez au sec, au frais et à l'obscurité.

Saison : **octobre - novembre**

Préparation et cuisson : **30 min** avec **1 h** de séchage

Cèpes marinés

Après la simple congélation (qui ne réussit pas toujours aux champignons), cette formule est la plus simple que je connaisse pour conserver des cèpes et autres champignons similaires (bolets en particulier). D'autre part, vous préférerez sans aucun doute la bonne odeur de cèpes poêlés à l'ail que dégage cette recette au parfum – un peu désagréable, il faut le dire – de vinaigre bouilli dégagé par la préparation des cèpes à l'huile (voir page précédente).

Pour 2 bocaux de 1,5 l :

2 kg de petits cèpes

20 cl d'huile

5 gousses d'ail

sel

poivre

2 l de vinaigre blanc

1 l d'eau

2 citrons

quelques brins de thym

quelques feuilles de laurier

quelques feuilles d'estragon

quelques clous de girofle

Nettoyez les champignons et enlevez la partie spongieuse du chapeau des plus gros. Lavez rapidement à l'eau froide, égouttez et laissez sécher sur un torchon. Après 1 h de séchage, coupez-les en tranches assez épaisses.

Mettez sur le feu une grande poêle contenant l'huile et l'ail écrasé ou haché très fin. Quand l'ail est doré (mais avant que l'huile fume ou brunisse), ajoutez les cèpes coupés, en mélangeant rapidement avec une cuillère en bois. Augmentez la flamme, salez et poivrez.

Lorsque les champignons sont bien saisis et asséchés mais avant qu'ils ne deviennent complètement secs, ôtez du feu.

Dans une casserole, préparez la marinade en mélangeant le vinaigre et l'eau, le jus des citrons, le thym, le laurier, l'estragon, les clous de girofle et l'ail que vous pouvez récupérer dans la poêle. Faites bouillir le tout pendant 10 min puis laissez refroidir.

Mettez les champignons en bocaux et recouvrez-les de la marinade. Fermez hermétiquement et stérilisez les bocaux pendant 20 min dans de l'eau bouillante. Conservez dans un endroit frais et obscur.

Saison : **octobre - novembre**

Préparation et cuisson : **30 min** avec **30 min** de séchage

Cèpes à l'italienne

Avis aux grands amateurs de champignons : cette recette de cèpes à l'italienne (qui nous vient plus précisément du Piémont, au nord de l'Italie) est très goûteuse. Elle peut se servir simplement comme une entrée, en petite portion avec du pain grillé, afin de mieux la déguster.

Pour 2 bocaux de 1,5 l :
2 kg de cèpes
20 cl d'huile d'olive
5 gousses d'ail
sel
poivre
1 poignée de persil haché
quelques feuilles de laurier
1 brin de thym
1 cuil. à soupe de raisins secs
15 cl de vin blanc

Nettoyez délicatement les champignons et enlevez la partie spongieuse du chapeau des plus gros. S'ils sont trop sales, passez-les rapidement à l'eau froide, égouttez-les et laissez-les sécher sur un torchon dans un endroit sec. Après 30 min, coupez-les en tranches assez épaisses.

Mettez sur le feu une grande poêle contenant l'huile et l'ail écrasé ou haché très fin. Quand l'ail est doré (mais avant que l'huile fume ou brunisse), ajoutez les cèpes coupés, en mélangeant rapidement avec une cuillère en bois. Augmentez la flamme, salez et poivrez. Ajoutez le persil, le laurier, le thym, les raisins secs et le vin blanc. Mélangez et faites évaporer le liquide le plus rapidement possible.

Lorsque les champignons sont asséchés sans être complètement secs, introduisez-les dans des bocaux. Pressez légèrement avant de recouvrir d'une fine couche d'huile et fermez hermétiquement.

Faites stériliser les bocaux pendant 20 min dans de l'eau bouillante.

Saison : **mai - octobre**

Préparation et cuisson : **20 min** avec **2 h** pour que les courgettes dégorgent

Courgettes à l'huile

Je trouve la courgette à l'huile délicieuse servie en entrée froide ou en tapas. N'oubliez pas, si vous avez eu le temps de réaliser le bocal d'ail à l'huile, d'en rajouter un petit peu pour relever le goût.

Pour 3 bocaux de 1 l :
3 kg de courgettes
2 l de vinaigre
sel
quelques grains de poivre
quelques feuilles de basilic
huile d'olive
quelques feuilles de laurier

Coupez les extrémités des courgettes et, sans les peler, coupez-les en tranches obliques de 1 cm d'épaisseur environ. Salez abondamment et laissez dégorger sur un plan incliné pendant 2 h afin d'éliminer leur eau. Faites bouillir le vinaigre avec le poivre et plongez-y les tranches de courgettes, quelques-unes à la fois, pendant 2 min. Égouttez et laissez sécher sur un torchon.

Disposez dans les bocaux, en couches alternées avec des feuilles de basilic, de l'huile d'olive, du poivre et une ou deux feuilles de laurier par bocal, jusqu'à 2 cm du bord. Recouvrez complètement d'huile d'olive, fermez les bocaux et conservez au frais.

Courgettes aux aromates

Servez ces courgettes réchauffées à la poêle en accompagnement d'une viande type poulet grillé.

Pour 3 bocaux de 1 l :
2 kg de courgettes
sel, poivre
huile d'olive
quelques gousses d'ail
1 petit bouquet de persil
1 brin de basilic
quelques feuilles de laurier
vinaigre de vin blanc

Lavez les courgettes et coupez-les en tranches rondes d'une épaisseur d'environ 0,5 cm. Salez, poivrez et laissez dégorger pendant 2 h. Faites chauffer de l'huile et, lorsqu'elle est presque fumante, faites frire les courgettes.

Rangez-les dans un plat creux avec, entre chaque couche, de l'ail haché, du persil, du basilic et du laurier. Recouvrez de vinaigre blanc. Dès que les courgettes sont froides, posez un poids ou un objet lourd pour les maintenir immergées dans le vinaigre et conservez au réfrigérateur. Si vous souhaitez une conservation longue, stérilisez les bocaux dans de l'eau bouillante pendant 20 min.

Saison : **mai - septembre**
Préparation et cuisson : **1 h**

Haricots verts à la tomate

Servir les haricots verts chauds avec une viande grillée type côte de bœuf. Vous pouvez remplacer les tomates par des poivrons rouges.

Pour 3 bocaux de 1 l :
2 kg de haricots verts
25 cl d'huile d'olive
1 oignon
quelques gousses d'ail
1 kg de tomates
1 pincée de sucre
sel, poivre

Épointez les haricots verts à la main et lavez-les à l'eau froide. Mettez dans une grande casserole : l'huile, l'oignon haché et les gousses d'ail. Dès que l'oignon commence à prendre couleur, ajoutez les tomates pelées et coupées en dés.

Laissez bouillir 2 min puis ajoutez les haricots verts, le sel, le poivre et la pincée de sucre qui atténuera l'acidité des tomates. Laissez cuire 8 à 10 min à feu doux, en mélangeant de temps en temps.

Ôtez du feu et laissez refroidir avant de les mettre dans les bocaux. Fermez hermétiquement et stérilisez pendant 30 min dans de l'eau bouillante. Conservez au frais, au sec et à l'obscurité.

Haricots verts au vinaigre

Tout comme les courgettes à l'huile ou les fonds d'artichauts, les haricots verts au vinaigre peuvent être servis en hors-d'œuvre pour un début de repas à l'italienne.

Pour 3 bocaux de 1 l :
2 kg de haricots verts
vinaigre blanc
sel
huile d'olive
quelques feuilles de laurier
poivre en grains

Épointez les haricots verts à la main et éliminez les fils s'il y en a. Faites bouillir le vinaigre légèrement salé et plongez-y les haricots verts. Laissez bouillir à feu vif pendant 2 min, égouttez et faites sécher les haricots en les dispersant sur un torchon.

Rangez les haricots dans des bocaux en les recouvrant complètement d'huile. Dans chaque bocal, ajoutez une feuille de laurier et quelques grains de poivre. Fermez et conservez au frais et à l'obscurité. Si vous souhaitez une conservation longue, stérilisez les bocaux dans de l'eau bouillante pendant 20 min.

haricots
au
vinaigre

Saison : **voir calendrier** (p. 152) selon les légumes utilisés

Préparation et cuisson : **1 h 30**

Macédoine de légumes

Ce bocal est à la fois décoratif et facile à réaliser. On sert la macédoine chaude, pour accompagner toutes les viandes, ou froide en salade, assaisonnée de vinaigrette ou de mayonnaise. Mélange de légumes verts, rouges et blancs (à ordonner comme vous voulez dans les bocaux), la macédoine de légumes est un plat complet dans sa composition. Utilisez des bocaux plus ou moins grands selon vos besoins (une fois ouvert, le bocal doit être utilisé entièrement).

Pour 3 bocaux de 1 l :
500 g de carottes
500 g de navets
1 kg de haricots verts
1 kg de petits pois
sel

Épluchez, lavez et coupez en petits dés les carottes et les navets.

Épluchez les haricots verts et cassez-les ou coupez-les en petits morceaux.

Écossez les petits pois.

Faites blanchir séparément les légumes dans une passoire placée dans de l'eau salée en ébullition : 2 à 3 min pour les légumes verts ; 4 à 5 min pour les carottes et les navets. Égouttez séparément les légumes à la passoire et passez-les sous l'eau froide.

Ordonnez la macédoine de légumes selon vos préférences : soit par étages de couleurs différentes, soit en mélangeant tous les légumes.

Versez dans les bocaux et couvrez avec de l'eau additionnée de 20 g de sel par litre.

Fermez et stérilisez les bocaux pendant 1 h dans de l'eau bouillante. Rangez-les dans un endroit frais et obscur.

Saison : **toute l'année** pour les oignons et **septembre - novembre** pour les petits oignons
Préparation et cuisson : **20 min** pour les oignons et **40 min** pour les petits oignons

Oignons au vinaigre

Idéal pour personnaliser un dîner raclette avec des petits oignons que vous aurez préparés vous-même.

Pour 1 bocal de 50 cl :
500 g de petits oignons blancs
1 l d'eau
20 g de sel
poivre
vinaigre

Pelez les oignons et jetez-les dans l'eau en ébullition. Ajoutez le sel. Après 3 min de cuisson, égouttez les oignons.

Mettez en bocal avec quelques grains de poivre. Couvrez de vinaigre. Fermez hermétiquement et attendez 2 mois avant de consommer.

Petits oignons à l'aigre-doux

Ajoutez les petits oignons à l'aigre-doux à un riz thaï pour une recette « chinoisante ».

Pour 3 bocaux de 1 l :
3 kg de petits oignons nouveaux
30 g de raisins secs
1 feuille de laurier
1 pincée de cannelle en poudre
2 clous de girofle
1 citron
15 cl de vinaigre blanc
15 cl de vin blanc sec
1 cuil. à café de sucre en poudre
200 g de tomates
sel, poivre moulu

Épluchez les oignons et mettez-les dans une casserole avec les raisins secs, le laurier, la cannelle, les clous de girofle, un peu de zeste de citron râpé et tout le jus du citron. Versez le vinaigre et le vin blanc, ajoutez le sucre, la pulpe de tomate coupée en dés et une pincée de sel et de poivre.

Mettez la casserole sur le feu et portez à ébullition, en mélangeant. Recouvrez-le et poursuivez la cuisson jusqu'à ce que les oignons soient cuits. Vérifiez l'assaisonnement : salez et poivrez à votre goût. Versez, à chaud, dans les bocaux, recouvrez du jus et fermez aussitôt.

Cette préparation se conserve une semaine au réfrigérateur. Pour une conservation prolongée, stérilisez les bocaux 10 min dans de l'eau bouillante.

oignons

Saison : **juin - septembre**

Préparation et cuisson : **40 min** avec **3 semaines à 2 mois** de macération

Olives noires à l'huile

Après deux mois de macération, vous pouvez débarrasser les olives de leur huile aromatique si vous les préférez les consommer plus sèches.

Pour 2 bocaux de 50 cl :
1 kg d'olives noires fraîches
2 kg de gros sel
1 l d'huile d'olive
poivre en grains
1 branche de thym
quelques feuilles de laurier
quelques clous de girofle

Lavez et essuyez les olives ; piquez-les en deux endroits avec une aiguille flambée. Mettez-les dans un saladier et couvrez-les de gros sel. Laissez macérer 10 jours en remuant de temps en temps et en jetant régulièrement l'eau qui se forme.

Sortez et rincez abondamment les olives. Égouttez-les et séchez-les sur du papier absorbant. Mettez-les en bocaux et déposez dans chaque bocal 5 grains de poivre, 2 clous de girofle, 1 branche de thym et 1 feuille de laurier. Versez de l'huile d'olive et fermez. La macération aromatique aura parfumé les olives au bout de 2 mois.

Olives vertes macérées

Profitez d'un voyage dans le sud de la France pour acheter les olives fraîches qui abondent sur les marchés en été.

Pour 2 bocaux de 50 cl :
1 kg d'olives vertes macérées
125 g de gros sel gris
2 petits piments forts
3 cuil. à soupe de graines de fenouil
2 cuil. à soupe de graines de coriandre
3 feuilles de laurier
1 petite touffe de romarin frais
1 branche de thym
1 écorce d'orange non traitée
1 l d'eau

Faites tremper les olives vertes dans de l'eau froide pendant 3 ou 4 jours en changeant l'eau deux fois par jour. Commencez ensuite la macération aromatique : faites bouillir l'eau avec tous les éléments indiqués puis baissez le feu. Faites bouillonner doucement pendant 15 min. Laissez refroidir.

Posez les olives rincées et séchées sur une surface dure (planche ou marbre) et, avec un rouleau ou un maillet en bois, donnez un petit coup sec de façon à écraser la chair. Mettez les olives cassées dans un bocal, recouvrez-les avec le liquide et les aromates puis fermez hermétiquement et tenez 3 semaines à l'abri de l'air, de la chaleur et de la lumière avant utilisation.

Saison : **toute l'année**
Préparation : **15 min** avec **48 h** de macération pour les piments et **1 h** avec **12 h** de trempage pour les pois chiches

Piments à l'huile

L'huile fait reluire la couleur et la peau lisse du piment, l'ingrédient est conservé entier sans altération… le bocal « déco » par excellence !

Pour 1 bocal de 50 cl :
10 piments rouges
4 gousses d'ail
1 cuil. à café de gros sel
quelques grains de poivre
vinaigre d'alcool
25 cl d'huile d'olive

Lavez les piments et essuyez-les. Coupez-les en deux ou faites une entaille sur toute la longueur, sans enlever les graines. Mettez une première couche de piments dans un saladier et ajoutez l'ail, du sel et du poivre et de l'ail entre les différentes couches au fur et à mesure que vous remplissez le saladier. Couvrez de vinaigre. Laissez macérer pendant environ 48 h.

Sortez les piments du vinaigre et disposez-les, plus ou moins tassés, dans le bocal. Recouvrez-les avec de l'huile d'olive. Attendez 1 mois avant de consommer.

Pois chiches à l'huile

Recette de ma maman qui nous met chaque année à contribution… Armez-vous de patience pour l'épluchage des pois chiches, quitte à le faire en plusieurs fois dans la journée ou à demander du renfort ! Vous pouvez évidemment réaliser cette recette plus rapidement, sans retirer les peaux, mais attention aux estomacs fragiles, cela risque d'être moins digeste.

Pour 2 bocaux de 125 ml :
200 g de pois chiches
20 cl huile d'olive
1 gousse d'ail
1 cuil. à café de gros sel
quelques grains de poivre

Faites tremper les pois chiches dans de l'eau pendant toute une nuit (12 h). Le lendemain, épluchez leur fine peau

Disposez les pois chiches dans les bocaux. Ajoutez l'ail, le sel et le poivre. Recouvrez d'huile d'olive. Conservez les bocaux au réfrigérateur et consommez rapidement les pois chiches, dans le mois qui suit leur préparation.

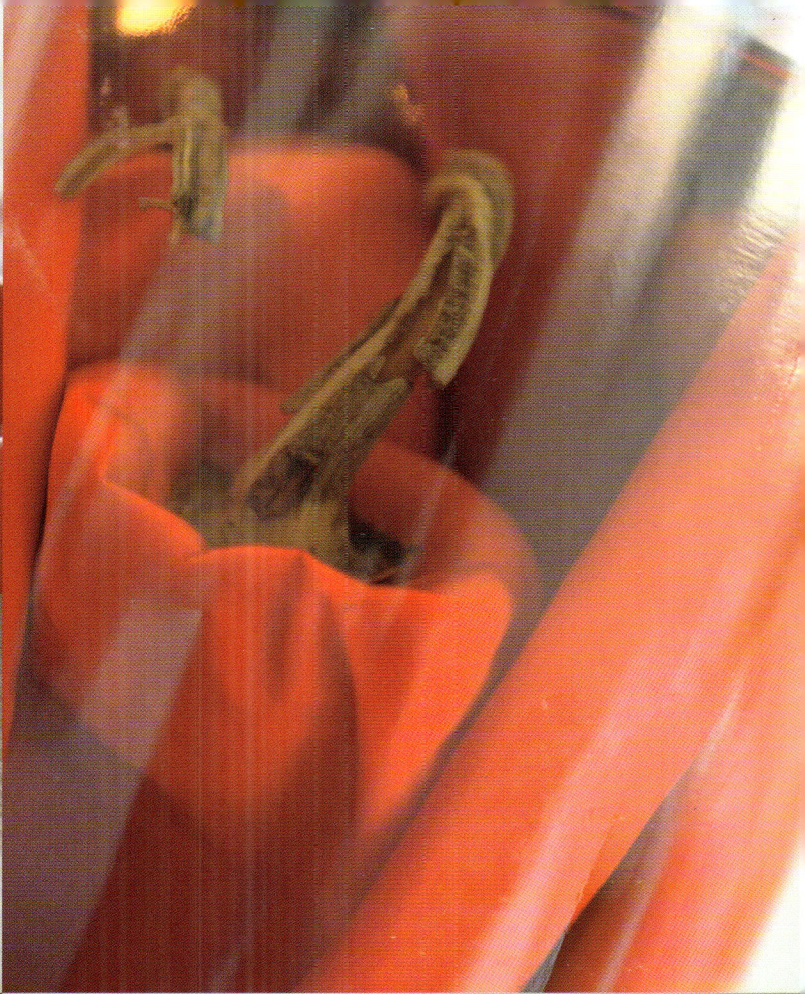

2
IMENTS
A
L HUILE

Saison : **toute l'année**

Préparation et cuisson : **20 min** avec **45 min** de stérilisation

Poireaux au naturel

Je reconnais les bonnes brasseries à la qualité des « poireaux vinaigrette » qu'ils servent en entrée : un bon poireau au naturel assaisonné d'une vinaigrette fait maison... cela ne trompe pas ! Avant de déguster, passez les poireaux une minute au micro-ondes pour les servir tièdes. Ajoutez une vinaigrette à l'échalote.

Pour 2 bocaux de 50 cl :

3 kg de poireaux

sel

15 grains de poivre

3 feuilles de laurier

huile d'olive

Lavez les poireaux et coupez-les en morceaux cylindriques d'environ 5 cm. Faites-les bouillir 8 à 10 min dans une grande quantité d'eau additionnée de sel, du poivre et du laurier.

Sortez les poireaux de l'eau et mettez-les directement dans les bocaux en enlevant le poivre et le laurier et en tassant légèrement. Recouvrez les poireaux de leur eau de cuisson, puis nappez-les d'huile d'olive et fermez hermétiquement les bocaux.

Stérilisez les bocaux pendant 45 min dans de l'eau bouillante. Conservez au frais et à l'obscurité.

Saison : **juin - septembre**

Préparation et cuisson : **45 min**

Poivrons à l'italienne

La conservation « à l'italienne », autrement dit « à l'huile d'olive », permet de restituer la finesse et le goût sucré du poivron. Par ailleurs, l'huile de conservation, délicieusement relevée à l'ail, parfumera agréablement toutes vos vinaigrettes.

Pour 2 bocaux de 35 cl :

10 poivrons

ail

huile d'olive

vinaigre de vin blanc

gros sel

Faites cuire les poivrons dans le four jusqu'à ce que la peau soit brûlée de tous les côtés. Enlevez la peau quand le poivron est encore chaud (si vous laissez refroidir, la peau va se recoller au poivron).

Ouvrez les poivrons et ôtez toutes les graines et les filaments.

Portez à ébullition du vinaigre blanc avec une pincée de sel et plongez-y les poivrons pendant 1 à 2 min.

Étalez les poivrons sur une étamine afin de bien les égoutter.

Coupez les poivrons en très fines lamelles et placez-les dans les bocaux en y ajoutant quelques fines tranches d'ail.

Recouvrez d'huile d'olive. Fermez les bocaux hermétiquement.

Laissez macérer pendant au moins un mois. Conservez au frais et à l'obscurité.

Saison : **juin - septembre**

Préparation et cuisson : **30 min**

Poivrons au vinaigre

Deux méthodes efficaces pour retirer la peau des poivrons : vous pouvez les ébouillanter ou les laisser noircir de chaque côté sur la plaque de votre four. La peau s'enlèvera alors très facilement mais, dans les deux cas, attention aux doigts car il vaut mieux peler le poivron encore chaud, avant que la peau ne se recolle.

Pour 1 bocal de 75 cl :

3 kg de poivrons charnus biens mûrs

vinaigre blanc

quelques feuilles de basilic

quelques feuilles de laurier

quelques brins d'estragon

sel

Lavez les poivrons. Coupez-les en quatre, ôtez tous les filaments et les graines. Plongez-les dans de l'eau bouillante salée quelques instants, puis, égouttez-les.

Retirez délicatement la peau des poivrons. Rangez-les dans le bocal en y ajoutant quelques feuilles de basilic, de laurier et d'estragon. Couvrez de vinaigre et fermez hermétiquement le bocal.

Vérifier régulièrement le niveau du vinaigre et, s'il a baissé, rajoutez-en pour maintenir les poivrons immergés.

VMC

ortofrutta
MERIDIONALE
Plaisir du Gout

CHAPITRE 4

Saison : **été** pour les figues

Préparation et cuisson : **45 min** avec **3 h** de macération

Chutney aux fruits secs

Ce chutney aux fruits secs accompagne traditionnellement une tranche de pâté de campagne avec du pain grillé. Je l'ai servi à toute mon équipe de production avec du foie gras en entrée d'un dîner de Noël « Teva Déco », ils en parlent encore !

Pour 2 pots de 375 ml :
4 pruneaux
4 dattes
4 abricots secs
50 g de raisins secs
4 figues fraîches
1 orange
1 citron
20 cl de muscat
1 pincée de préparation quatre-épices
1 petite cuil. à café de cannelle moulue
2 pommes acidulées
10 cl de vinaigre de xérès
200 g de sucre de canne en poudre
sel
poivre

Détaillez les fruits secs (pruneaux, dattes, abricots secs, raisins secs) et coupez les figues en petits morceaux.

Râpez finement l'écorce de l'orange et du citron.

Dans un saladier, mélangez les fruits secs, les figues, le muscat, les zestes d'orange et de citron et le jus du citron. Intégrez en dernier les épices et les figues fraîches. Laissez reposer la préparation pendant 3 h.

Épluchez et coupez les pommes en petits morceaux. Dans une casserole, mettez les morceaux de pomme, le vinaigre, 1 cuil. à soupe d'eau et le sucre de canne. Portez à ébullition en ecumant si nécessaire. Laissez cuire pendant 5 min, ajoutez la préparation à base de fruits secs et poursuivez la cuisson pendant 20 min.

Surveillez la cuisson et remuez délicatement à l'aide d'une cuillère en bois.

Salez et poivrez selon votre goût.

Mettez en pots à chaud. Vous pouvez conserver ce chutney au réfrigérateur pendant près d'un mois.

Chutney

Saison : **toute l'année**

Préparation et cuisson : **1 h 15**

Chutney de mangues

Servez ce chutney de mangues avec un poulet grillé et du riz basmati ou, associé avec de la mayonnaise, pour assaisonner une salade de poulet dans laquelle vous pourrez ajouter des raisins, des pommes ou des morceaux de mangue fraîche.

Pour 2 pots de 375 ml :

3 mangues à peine mûres

50 g de dattes

3 gousses d'ail

30 cl de vinaigre d'alcool de cidre

250 g de sucre roux en poudre

50 g de raisins secs

3 cuil. à soupe de gingembre frais râpé

1 cuil. à café de sel

1/2 cuil. à café de piments en poudre

1/2 cuil. à café de cannelle en poudre

Coupez les mangues en deux et retirez le noyau central. Épluchez et hachez grossièrement les mangues, les dattes dénoyautées et l'ail.

Portez le vinaigre à ébullition avec le sucre roux en mélangeant jusqu'à ce qu'il soit fondu.

Ajoutez les mangues, les raisins secs rincés à l'eau chaude, l'ail, le gingembre, le sel, le piment, la cannelle et les dattes. Portez à ébullition à feu vif en mélangeant. Laissez cuire environ 1 h à feu doux. Remuez souvent.

Mettez en bocaux et fermez aussitôt. Retournez les bocaux sur le couvercle jusqu'à complet refroidissement. Conservez dans un endroit frais, sec et obscur.

Chutney aux mangues

Saison : **toute l'année**

Préparation et cuisson : **2 h**

Chutney bananes-dattes

Cette recette est à réaliser idéalement au moment des fêtes de Noël, de préférence avec les enfants qui peuvent mettre la main à la pâte sans trop de difficultés et qui seront très fiers d'offrir ou de faire goûter leur chutney à toute la famille. Je l'ai réalisée pour vous avec mes neveux, Thimoté et Amaury, et ma filleule Nell (voir ci-contre).

Pour 2 pots de 350 ml :

700 g de bananes
350 g de dattes
700 g de pommes
1 orange
2 cuil. à café de curry en poudre
1/2 cuil. de gingembre
1/2 cuil. de piment rouge
1/2 cuil. de clous de girofle
1/2 cuil. de cannelle en poudre
250 g de sucre en poudre
60 cl de vinaigre
2 cuil. à café de sel

Épluchez les pommes, enlevez trognons et pépins puis coupez-les en tous petits dés.

Dénoyautez les dattes et coupez-les en petits morceaux.

Épluchez et coupez les bananes en rondelles.

Râpez le zeste de l'orange, puis pressez-la.

Mettez tous ces ingrédients dans une casserole avec le curry, les épices, le sucre, le vinaigre et le sel.

Faites cuire à feu doux jusqu'à ce que le sucre soit fondu puis portez à ébullition. Baissez ensuite le feu puis faites cuire encore pendant environ 1 h 30 en remuant de temps en temps.

Versez le chutney chaud dans les bocaux. Retournez-les sur le couvercle jusqu'à complet refroidissement. Conservez dans un endroit frais, sec et obscur.

KANGOL

Saison : **septembre - mars** pour les poires

Préparation et cuisson : **3 h 30** avec **3 à 4 semaines** de macération

Chutney poire-cannelle

Un chutney délicat, à servir frais, pour accompagner des pâtés mais aussi des viandes blanches ou des volailles, du genre perdreau ou pintade. Choisir des petites poires Conférence, ou Abate, encore vertes.

Pour 2 pots de 375 ml :

1 bouteille de vin rouge (75 cl)

vinaigre de cidre

250 g de miel

120 g de sucre de canne

1 gousse de vanille fendue

1 cuil. à soupe de cannelle en poudre

1 bâton de cannelle

1 pincée de gros sel

6 clous de girofle

15 grains de poivre noir

2 ou 3 oranges non traitées

1 kg de petites poires vertes

Dans une casserole en inox, faites chauffer le vin rouge et le vinaigre avec le miel, le sucre, la vanille, la cannelle, les clous de girofle, le poivre, le jus de deux oranges et un zeste entier d'orange émincé.

Pelez les poires en gardant la queue et en les laissant entières.

Faites cuire les poires dans le bouillon pendant 1 h à feu doux, laisser reposer 1 h, et ce trois fois de suite (soit 3 h de cuisson en tout). Attention : les poires ne doivent pas se transformer en compote !

Répartissez les poires dans les bocaux.

Ouvrez et grattez le bâton de vanille pour en faire sortir les grains

Faites réduire le bouillon jusqu'à ce qu'il prenne une consistance de sirop. Rajoutez du sucre pour l'épaissir ou du vinaigre, du vin et du jus d'orange pour le rendre plus fluide si besoin.

Recouvrez les poires complètement avec ce bouillon.

Fermez les bocaux hermétiquement et laissez reposer trois à quatre semaines au frais avant de consommer.

Saison : **octobre - avril** pour les pommes
Préparation et cuisson : **30 min** avec minimum **2 h** de macération

Chutney de pommes

Servez ce chutney avec un rôti de porc aux oignons et une purée.

Pour 2 pots de 375 ml :
1 kg de pommes pas trop mûres
20 cl de vinaigre de vin blanc
2 petits piments
20 g de moutarde en grain
350 g de sucre en poudre
1 branche de céleri
1 petit oignon
150 g de raisins secs
1 gousse d'ail
1 pincée de gingembre en poudre
1 cuil. à café de graines de coriandre

Pelez les pommes et coupez-les en dés en enlevant le trognon. Faites-les cuire dans une casserole avec le vinaigre, les piments et la moutarde. Conservez le vinaigre et sortez les pommes. Écrasez-les à la fourchette. Remettez le tout dans le vinaigre avec le céleri et l'oignon haché. Faites bouillir environ 10 min, à feu doux en mélangeant. Ôtez du feu et laissez reposer au moins 2 h. Écrasez tous les ingrédients à la fourchette et remettez-les à bouillir 5 min à feu doux en veillant à ce qu'ils n'attachent pas. Quand le chutney a la consistance d'une compote épaisse, versez dans les bocaux, laissez refroidir et fermez. Conservez au frais.

Chutney d'automne

Utilisez des pommes qui se tiennent bien à la cuisson pour ce chutney qui accompagne les viandes blanches et les volailles (perdreau, pintade).

Pour 2 pots de 375 ml :
4 grosses pommes fermes
2 poires séchées
20 cl de vin blanc
vinaigre de cidre
3 oranges
120 g de sucre de canne en poudre
150 g de miel
sel et poivre à volonté
1 citron (pour le jus et le zeste)
figues sèches
abricots secs
1 cuil. à soupe de raisins blonds secs
5 cuil. à soupe de fleur d'oranger
cerneaux de noix

Faites bouillir le vin, le vinaigre et le jus des oranges avec le sucre, le miel, du sel et du poivre. Laissez reposer une nuit (12 h). Versez dans un saladier le zeste de citron, les pommes, les figues, les abricots et les poires coupées en dés, les raisins secs et l'eau de fleur d'oranger. Laissez macérer 2 h (sans les noix qui diffuseraient un goût amer). Faites cuire les fruits macérés jusqu'à ébullition. Retirez du feu et versez-les dans les bocaux. Ajoutez les noix. Faites bouillir le jus à base de vin et versez juste avant de fermer les bocaux. Attendez un mois avant de consommer.

Saison : **toute l'année**

Préparation : **15 min** avec **12 h** de macération

Moutarde au miel

Faire sa moutarde soi-même c'est un peu comme faire son pain : le comble du tout fait maison ! Cette délicieuse moutarde douce, à base de miel, de gingembre et de cannelle, personnalisera certains menus qui ne demandent pas beaucoup de préparation, comme une simple viande grillée par exemple.

Pour un pot de 500 g :

225 g de graines de moutarde

1 cuil. à soupe de cannelle en poudre

1/2 cuil. à café de gingembre

30 cl de vinaigre de vin blanc

9 cl de miel liquide foncé

Laissez tremper les graines de moutarde, la cannelle en poudre et le gingembre (moulu ou très finement haché) pendant 12 h dans le vinaigre.

Mettez le tout dans un mortier et pilez pour obtenir une pâte lisse en ajoutant régulièrement le miel liquide en filet. Si la pâte est trop sèche, ajoutez quelques gouttes de vinaigre.

Versez dans le bocal, ou un pot de confiture bien propre, et consommez rapidement : la moutarde se conserve environ un mois au réfrigérateur.

Les recettes de Cendrine
MOUTARDE

Saison : **mai - août** pour le basilic

Préparation : **15 min**

Pistou

Cette recette, préparée à l'avance, vous permettra de métamorphoser un plat de spaghettis de dernière minute. Pour le goût, et sans jamais oublier le look, vous pouvez ajouter sur les pâtes quelques feuilles de basilic frais, une poignée de pignons et quelques fines tranches de parmesan.

Pour 1 pot de 125 ml :

1 bouquet de basilic

100 g de parmesan

200 g de pignons de pain (1 sachet)

1 cuil. à café de gros sel

1 gousse d'ail (facultative)

huile d'olive

Lavez les feuilles de basilic et hachez-les finement. Coupez le parmesan en petits morceaux. Dans un mortier, écrasez le basilic, les pignons de pain, le gros sel et le parmesan jusqu'à l'obtention d'une purée épaisse.

Les amateurs peuvent ajouter de l'ail (une gousse maximum) à la préparation.

Versez l'huile d'olive doucement et mélangez pour diluer cette purée épaisse jusqu'à obtention de la consistance souhaitée.

Consommez le pistou rapidement : il se conserve un mois au frais.

Saison : **juin - septembre** pour les tomates

Préparation et cuisson : **3 h**

Sauce ketchup

Pour un poulet du dimanche pas comme les autres, badigeonnez la viande de sauce ketchup et laissez macérer pendant 1 h. Passez ensuite le poulet au four. Cette recette apporte une saveur sucrée et fumée à la chair qu'on dirait cuite au barbecue et assaisonnée d'épices comme aux Antilles !

Pour 1 bouteille de 75 cl :
1 kg de tomates
1 kg d'oignons
40 cl de vinaigre de cidre
500 g de cassonade
1 cuil. à café de grains de poivre
1 cuil. à café de baies de genièvre
1 piment doux
4 clous de girofle
2 cuil. à soupe de moutarde douce
1 cuil. à café de paprika
sel
1 carré de mousseline pour les épices

Rincez, épépinez et enlevez la peau des tomates. Pelez et émincez très finement les oignons. Dans une casserole, faites-les cuire à feu doux pendant 30 min. Passez-les au moulin à légumes ou au mixeur. Versez la purée ainsi obtenue dans une casserole.

Ajoutez le vinaigre, la cassonade et les épices, sauf le paprika, enfermés dans un nouet de mousseline. Laissez mijoter 2 h à feu doux en mélangeant souvent. Retirez le nouet d'épices. Assaisonnez de paprika, de moutarde douce et salez à votre goût. La préparation doit être bien relevée. Poursuivez la cuisson pendant encore 30 min.

Laissez refroidir avant de mettre en bouteille. Fermez hermétiquement. Conservez dans le réfrigérateur et attendez 15 jours avant de consommer ce ketchup.

Pour une conservation plus longue (3 mois), stérilisez pendant 15 min.

Saison : **juin - septembre** pour les tomates
Préparation et cuisson : **45 min**

Sauce tomate

Pendant la cuisson, vous pouvez parfumer cette sauce avec un hachis de fines herbes (persil, sauge, romarin, origan) ou la pimenter en y ajoutant quelques gouttes de harissa (attention : trois gouttes suffiront !).

Pour 4 bocaux de 50 cl :
5 kg de tomates
2 oignons
10 cl d'huile d'olive
quelques feuilles de basilic
50 g de sucre
sel
poivre

Lavez soigneusement les tomates sans les laisser trop longtemps dans l'eau. Coupez les pétioles et hachez-les grossièrement sans les peler.

Faites revenir les oignons dans l'huile, ajoutez les tomates hachées, salez, poivrez et faites cuire une dizaine de minutes en mélangeant et en écumant.

Ajoutez quelques feuilles de basilic et le sucre.

Versez cette sauce, encore chaude, dans les bocaux, fermez-les hermétiquement et stérilisez-les pendant 20 min. Rangez dans un endroit frais, bien aéré et à l'obscurité.

CHAPITRE 5

Stérilisation, mode d'emploi

Les gelées, les confitures, les marmelades et les fruits conservés au sucre ou à l'alcool peuvent se passer de stérilisation. Pour le reste...

La première stérilisation

Rangez les fruits ou les légumes dans les bocaux en les serrant le plus possible mais sans les écraser. Veillez, notamment lorsque vous remplissez un bocal d'eau salée ou de sirop, à ce que l'aliment soit largement recouvert. Il doit rester 1 cm d'espace au moins entre le niveau du liquide et le couvercle. Essuyez le bord du bocal puis fermez-le. Pour les couvercles en verre, placez les rondelles de caoutchouc, fermez le bocal et tirez sur la languette du caoutchouc pour une stérilisation optimale.

Placez les bocaux dans un stérilisateur. À défaut, vous pouvez utiliser une marmite ou un très grand faitout. Dans ce cas, afin que les bocaux ne se touchent pas, calez-les avec des torchons ou du papier journal. Recouvrez d'eau les bocaux. Portez à ébullition, couvrez et laissez bouillir selon les temps indiqués. Le temps de stérilisation varie en fonction des aliments, de leur température au moment de la fermeture des bocaux, de leur taille et de leur acidité. Les bocaux doivent toujours être recouverts d'eau. Si besoin, rajoutez de l'eau bouillante sur les bocaux.

Si vous utilisez un autocuiseur, ne versez de l'eau qu'au tiers de la hauteur. À partir de la mise en pression, comptez deux tiers du temps de stérilisation. Versez un peu d'eau froide sur l'autocuiseur avant de l'ouvrir afin d'accélérer la décompression.

La seconde stérilisation

Il est possible que la première stérilisation ne soit pas suffisante. Vous pouvez tester la fermeture des bocaux en soulevant le levier et en essayant d'ouvrir le couvercle. Si celui-ci reste collé au bocal, la stérilisation est parfaite. Dans le cas contraire, laissez refroidir les bocaux pendant deux jours. Faites bouillir à nouveau en divisant par deux le temps de stérilisation. Lorsque les bocaux sont froids, testez à nouveau leur fermeture. Pour tester la stérilisation des bocaux avec caoutchouc, vous pouvez les incliner. Si vous observez la présence de bulles lorsque le contenu entre en contact avec le couvercle, c'est que la stérilisation a échoué. Pour les bocaux à vis, après la stérilisation, le couvercle est légèrement concave. Si celui-ci est droit, appuyez dessus. S'il revient à sa position initiale, la stérilisation n'est pas complète.

Si la stérilisation a échoué à nouveau, refaites stériliser pendant un temps bref. Retirez les bocaux, puis recouvrez d'un torchon pour éviter un brusque refroidissement. Rangez les bocaux dans un endroit frais, aéré, sec et obscur.

VMC

haricots
au
Vinaigre

La conservation sans stérilisation

Les confitures et les marmelades peuvent être mises en bocal à chaud (de préférence) ou à froid, tandis que les gelées se couvrent toujours à froid, après un à trois jours de repos.

La mise en pots à chaud

Versez la confiture ou la marmelade en remplissant les bocaux jusqu'à 1 cm du bord. Fermez rapidement et hermétiquement le bocal. Avec des bocaux sans couvercle, vous pouvez utiliser des carrés de Cellophane. Humectez la feuille de Cellophane avec une éponge. Appliquez la feuille côté sec, sur le bocal, en veillant à tirer au maximum sur les bords pour une meilleure adhérence. Maintenez la feuille en plaçant un élastique. Avec les couvercles à vis, vissez et retournez aussitôt le bocal.

La fermeture à froid : la paraffine

Attendez le complet refroidissement de la confiture, de la gelée ou de la marmelade. Faites fondre la paraffine à feu très doux puis versez-la encore chaude. Couvrez ensuite les pots avec une feuille de Cellophane (voir ci-dessus). Pour la dégustation, il vous suffira de soulever la paraffine solidifiée à l'aide d'un couteau.

La conservation à l'alcool

L'alcool est un excellent antiseptique. Choisissez un alcool assez titré, comme de l'eau-de-vie. Placez les fruits dans les bocaux et recouvrez-les d'alcool. Les fruits doivent être impérativement totalement immergés. Pour adoucir et rendre la préparation plus savoureuse, vous pouvez ajouter un sirop de sucre.

Les sirops

Le sirop est une dissolution de sucre dans de l'eau, du jus de fruits ou des sucs de plantes. Il peut s'obtenir à froid, en laissant fondre le sucre dans de l'eau froide, ou, à chaud, en chauffant le mélange d'eau sucrée jusqu'à ébullition.

Les fruits au sirop

Le procédé est simple : il suffit de préparer un sirop à chaud (environ 10 min de cuisson) et de le verser sur les fruits placés dans des bocaux. La concentration dépend de la nature, de la maturité et de la teneur en sucre du fruit. Même si le sucre est un antiseptique, ce mode de conservation est limité dans le temps. Il convient donc parfois de stériliser les bocaux pour une plus longue conservation.

Bocaux et ustensiles indispensables

La mise en bocal nécessite un certain nombre d'ustensiles que je vous conseille vivement de rassembler avant d'entreprendre vos préparations.

Le choix des bocaux

Choisissez des bocaux avec des couvercles en verre et des rondelles en caoutchouc ou à pas de vis en métal. Mes préférés : les bocaux « Le Parfait », qui allient à la fois l'esthétique et le pratique du bocal traditionnel.

Avant leur utilisation, il est important de stériliser les bocaux ainsi que les couvercles ou les rondelles de caoutchouc. Ébouillantez-les quelques minutes puis essuyez-les avec un torchon propre ou laissez-les sécher sur un linge.

J'utilise aussi souvent des bocaux chinés un peu partout dans des brocantes. Si vous choisissez ces pots à l'ancienne pour vos confitures, marmelades ou gelées, vous devrez avoir recours au mode de fermeture à la paraffine (et/ou film alimentaire). De même pour les pots de « récup » utilisés en particulier pour conserver des petites quantités de confiture : petits pots de bébé, pots de yogourt en verre ou en terre.

Les ustensiles indispensables

Des instruments de mesure pour contrôler les poids et la cuisson : une balance de cuisine, un pot gradué et un thermomètre confiseur (facultatif).

Une bassine à confiture en cuivre, si possible non étamé, pour assurer une cuisson parfaitement régulière ; toutefois, en aluminium ou en inox, elle fait aussi très bien l'affaire, à condition que le fond soit épais afin d'éviter une trop rapide caramélisation du sucre et qu'elle soit suffisamment large pour une évaporation optimale.

Un stérilisateur pour la plupart des bocaux de légumes, qui peut être remplacé par un faitout, une marmite ou encore une Cocotte-Minute pour de petites quantités.

Une panoplie de petit matériel utile : une cuillère en bois avec un long manche pour tourner la confiture, une écumoire pour égoutter et écumer les fruits, une louche avec un bec verseur pour remplir les pots de confiture, une planche en bois, des couteaux de cuisine bien aiguisés, une louche, un presse-agrumes, une paire de ciseaux, un moulin à légumes, un minuteur, des casseroles, une râpe, un épluche-légumes, un vide-pomme, un tamis à farine, une passoire, une étamine de chanvre, des grands saladiers, de la paraffine, des élastiques et des feuilles transparentes de Cellophane (film alimentaire) pour couvrir les confitures sans couvercle.

Les 10 commandements de Cendrine

Des fruits et légumes de saison tu préféreras, mûrs à point tu les choisiras.
Tous tes bocaux tu étiquetteras, la date de préparation jamais tu n'oublieras.
À l'eau bouillante, tes couvercles et tes pots ouverts tu laveras.
À l'eau bouillante, tes bocaux fermés hermétiquement tu stériliseras.
Une bassine à confiture à une simple casserole tu préféreras.
Les temps de cuisson et quantités recommandées tu respecteras.
Régulièrement, pendant la cuisson, tu écumeras et l'écume tu jetteras.
Ta confiture sans couvercle cuira, jamais des yeux tu ne la quitteras.
La paraffine à chaud sur la confiture à froid tu verseras.
Après dégustation, tous tes pots et bocaux tu conserveras.

Vous avez aussi le droit de tout rater ou de tricher un peu !

Vous pouvez utiliser des fruits surgelés, mais uniquement pour des petites quantités : pour ajouter dans une préparation un aliment qui vous manque ou pour ne cuisiner qu'une partie d'un légume (les fonds d'artichauts par exemple).

Si vous n'avez pas de bassine en cuivre, vous pouvez aussi utiliser une marmite, une grande casserole ou une sauteuse antiadhésive.

Si vous n'avez pas écumé pendant la cuisson, vous pouvez toujours déposer une noisette de beurre de 10 g dans la préparation à la fin de la cuisson. La matière grasse fera retomber la mousse.

Si vous voulez rattraper des confitures trop liquides ou les rendre plus compactes, ajoutez 5 min de cuisson à feu vif.

Vous pouvez cuisiner vos confitures avec du sucre pour confitures, c'est un moyen efficace de les réussir. Respectez le temps de cuisson indiqué sur le paquet : toujours un peu moins long qu'avec du sucre en poudre normal.

La décoration des bocaux

La décoration des pots, c'est le petit plus qui change tout, surtout si vous comptez offrir vos bocaux. Voici quelques astuces et secrets de fabrique, illustrés souvent dans ce livre. Il en existe évidemment bien davantage, à vous de jouer...

La peinture sur verre

Vous trouverez de la peinture spéciale pour le verre dans les magasins ou rayons de loisirs créatifs. Elle est facile à utiliser avec les petits et sans danger. N'oubliez pas de stériliser vos pots avant de les peindre, la peinture partirait dans l'eau bouillante.

Le transfert de photos

Cette technique, très connue pour les impressions de photos sur tee-shirts, peut aussi s'avérer très pratique pour confectionner des calottes personnalisées pour vos pots de confitures. Sélectionnez un tirage photo et scannez-le ou utilisez directement une photo numérique. Mettez-la aux dimensions requises sur votre ordinateur. Imprimez l'image sur du « papier transfert » que vous trouverez dans toutes les grandes papeteries. Puis découpez-la et placez-la à l'envers sur votre tissu (lin ou coton), de préférence de couleur claire. Repassez avec un fer très chaud.

Les clips, pinces à linge et porte-clés

C'est simple, c'est pratique, c'est pas cher, cela ne marque pas le pot... Voyez vous-même ci-contre : le porte-clés du cordonnier pour les ananas, la pince à linge en bois pour les oignons ou encore le clip à rideaux pour les haricots verts.

Des rubans différents

Souvenez-vous de ces rubans cousus sur les pulls ou les chemises de votre enfance... Demandez à une couturière d'inscrire sur un ruban : le nom et la date de fabrication de vos bocaux ; un message passe-partout comme « Joyeux Noël ! » ou « Bonne année ! » ; ou encore le nom d'un nouveau-né, un faire-part original ou une bonne idée pour un cadeau de naissance.

Mille et une étiquettes

Vous trouverez toutes sortes d'étiquettes dans les papeteries. Mes préférées : les étiquettes d'écolier et les « lettres étiquettes », blanches ou noires. Dans ce livre, j'ai utilisé des lettres noires sur le bocal de piments à l'huile (voir ci-contre) et des lettres blanches sur la confiture de lait (voir p. 54).

Cassiopée WARE
PIMENTS
A
L HUILE
2
Chutney
Ananas
haricots
au
vinaigre
oignons

Légende du calendrier des fruits ci-dessous : ■ **pleine saison** du fruit ou □ fruit **hors saison**
Les quatre saisons : **printemps** du 20 mars au 20 juin, **été** du 21 juin au 21 septembre, **automne** du 22 septembre au 20 décembre, **hiver** du 21 décembre au 19 mars.

Calendrier des fruits

Pensez aux fruits rouges en été, aux agrumes en hiver, et surtout ne manquez pas les fruits dont la pleine saison dure à peine deux mois : abricots, cassis, cerises, fraises des bois, mirabelles...

	J	F	M	A	M	J	J	A	S	O	N	D
Abricots	□	□	□	□	□	□	■	■	□	□	□	□
Ananas	■	■	□	□	□	□	□	□	□	□	■	■
Bananes	■	■	■	■	■	■	■	■	■	■	■	■
Cassis	□	□	□	□	□	■	■	□	□	□	□	□
Cerises	□	□	□	□	■	■	■	□	□	□	□	□
Châtaignes	□	□	□	□	□	□	□	□	□	■	■	■
Citrons	■	■	■	■	■	■	■	■	■	■	■	■
Clémentines	■	■	□	□	□	□	□	□	□	□	■	■
Figues	□	□	□	□	□	□	□	■	■	■	□	□
Fraises	□	□	□	■	■	■	■	■	■	□	□	□
Fraises des bois	□	□	□	□	□	□	□	■	□	□	□	□
Framboises	□	□	□	□	□	■	■	■	■	□	□	□
Groseilles	□	□	□	□	□	■	■	■	□	□	□	□
Mandarines	■	■	■	□	□	□	□	□	□	□	□	■
Marrons	□	□	□	□	□	□	□	□	□	■	■	■
Melons	□	□	□	□	□	■	■	■	■	□	□	□
Mirabelles	□	□	□	□	□	□	□	■	■	□	□	□
Mûres	□	□	□	□	□	□	■	■	■	□	□	□
Myrtilles	□	□	□	□	□	□	■	■	■	□	□	□
Nectarines	□	□	□	□	□	■	■	■	■	□	□	□
Oranges	■	■	■	■	■	■	■	■	■	■	■	■
Pamplemousses	■	■	■	■	■	■	■	□	□	■	■	■
Pêches	□	□	□	□	□	■	■	■	■	□	□	□
Poires	■	■	■	□	□	□	□	□	■	■	■	■
Pommes	■	■	■	■	□	□	□	□	□	■	■	■
Prunes	□	□	□	□	□	□	□	■	■	■	□	□
Raisin	□	□	□	□	□	□	□	■	■	■	■	□
Rhubarbe	□	□	□	□	■	■	■	■	■	□	□	□
Tomates	□	□	□	□	□	■	■	■	■	□	□	□

Légende du calendrier ci-dessous : ■ **pleine saison** ou □ **hors saison**

Les quatre saisons : **printemps** du 20 mars au 20 juin, **été** du 21 juin au 21 septembre, **automne** du 22 septembre au 20 décembre, **hiver** du 21 décembre au 19 mars.

Calendrier des légumes,
des bulbes potagères et des fines herbes

Évitez de cuisiner les herbes et les légumes présents dans le commerce hors saison. Ils sont d'importation (donc fortement traités et chers), cueillis avant maturité et réfrigérés longtemps (donc de saveur médiocre).

	J	F	M	A	M	J	J	A	S	O	N	D
Ail	■	■	■	■	□	□	□	□	■	■	■	■
Artichauts	□	□	□	□	□	■	■	■	■	■	□	□
Asperges	□	□	□	■	■	■	□	□	□	□	□	□
Aubergines	□	□	□	□	□	■	■	■	■	■	□	□
Basilic	□	□	□	□	■	■	■	■	□	□	□	□
Brocolis	□	□	■	■	■	■	■	□	□	□	□	□
Câpres	■	■	■	■	■	■	■	■	■	■	■	■
Carottes	■	■	■	□	□	□	□	□	□	■	■	■
Céleri	■	■	■	■	■	■	□	□	□	■	■	■
Cèpes	□	□	□	□	□	□	□	□	□	■	■	□
Choux	■	■	■	■	□	□	□	□	■	■	■	■
Choux-fleurs	■	■	■	■	■	■	■	■	■	■	■	■
Courgettes	□	□	□	□	■	■	■	■	■	■	□	□
Endives	■	■	■	■	■	□	□	□	□	□	■	■
Échalotes	■	■	■	■	■	■	■	■	■	■	■	■
Épinards	■	■	■	■	■	■	□	□	■	■	■	■
Fenouil	■	■	■	■	■	□	□	□	□	■	■	■
Fèves	□	□	□	□	■	■	□	□	□	□	□	□
Haricots verts	□	□	□	□	■	■	■	■	■	□	□	□
Menthe	□	□	□	□	■	■	■	■	■	□	□	□
Navets	□	□	■	■	■	■	□	□	□	■	■	■
Oignons	■	■	■	■	■	■	■	■	■	■	■	■
Olives	□	□	□	□	□	■	■	■	■	□	□	□
Petits oignons	□	□	□	□	□	□	□	□	■	■	■	□
Petits pois	□	□	□	□	■	■	■	□	□	□	□	□
Piments	■	■	■	■	■	■	■	■	■	■	■	■
Poireaux	■	■	■	■	■	■	■	■	■	■	■	■
Pois chiches	□	□	□	□	■	■	■	□	□	□	□	□
Poivrons	□	□	□	□	□	■	■	■	■	□	□	□

Index alphabétique des recettes

Index des recettes par mode de conservation

CONSERVATION À L'ALCOOL

Merci !

Merci à Constance Poniatowsky qui m'a suggéré, un jour au bureau, de faire de mon passe-temps favori – les bocaux – un livre.
Merci à Stephen Bateman qui m'a fait confiance sur ce premier ouvrage et à Hachette Pratique de l'avoir si bien mené à bien.
Merci à M6 interaction et à TEVA. J'adore votre façon de suivre tous mes projets, de la décoration à la cuisine.

Merci à Andrée, ma belle-mère, qui m'a tout appris sur les bocaux.
Merci à Marie, ma belle-sœur, pour ses chutneys toujours inégalés.
Merci à Patrice, Léa et Léo, maman et papa : mes chers cobayes.
Merci à Laurent et à toutes celles qui m'ont aidé à réaliser ce livre : Julie, Pascale, Géraldine, Sylvia, Francesca, Stéphanie, Seymourina.
Désolée pour les épluchures, la vaisselle et autres désagréments.
Merci à mes neveux, Thimoté et Amaury, et à ma filleule Nell. Tout petits déjà, ils cuisinaient avec leur tata !

Merci aux Vergers Saint-Eustache pour leurs excellents fruits et légumes. Merci à mon primeur préféré d'avoir accepté de figurer dans cet ouvrage. Merci au Cours des Halles Jacquart pour la relecture attentive des calendriers des fruits et des légumes.

Merci à l'entreprise française des bocaux Le Parfait.

Merci enfin à : Ikea ; La Cornue ; Zadig et Voltaire ; Bonpoint ; Jeannine Cros ; Loisirs et création ; M. Bachelier des puces de Paris.

Direction : Stephen Bateman et Pierre-Jean Furet
Responsable éditoriale : Brigitte Éveno
Direction d'ouvrage : Seymourina Cruse
Conception graphique de la collection : Mateo Baronnet
Conception graphique de l'ouvrage et réalisation : Seymourina Cruse
Réalisation de la couverture : Claire Guigal
Correction : Marie-Charlotte Buch-Müller
Fabrication : Claire Leleu

Photogravure : Reproscan, Italie
Achevé d'imprimer en Espagne par Graficas Estella

Dépôt légal : novembre 2005
ISBN : 23.27.5801.02.8
201 235801 2